日本前首相和你談歷史

和你談歷史

明治維新×軍備改良×戰後困難×經濟崛起，
從民族性看日本現代化的進程

[原著] 吉田茂

安倍晉三之前，日本第一位享有國喪榮譽的首相
前日本內閣總理大臣麻生太郎的外祖父

——吉田茂 筆下的日本近代史！

曾經只是太平洋上的一個小島國，
面對列強紛擾，日本從最初的鎖國被迫打開港口，
歷經數次口水戰，天皇終於決定引進西式教育，走向經濟現代化，
然而，改革的道路永遠不會暢通無阻……
二戰後，面對巨額賠款，日本如何振興財政，再一次創造經濟奇蹟？

目 錄

目錄

原序

　　《大英百科全書》在世界百科全書中享有盛名，每一年都以百科全書副篇的形式來出版補充年鑑，這本書是由我替年鑑（1967年版）所寫的卷首論文潤色而成的。

　　近期，全世界在輿論上對日本的評價之高令人驚訝，特別對於日本在明治時期吸納西方文明，卓越地實現了現代化，並在二戰後急速得到了恢復和發展，世界人民給予了極大的關注。許多人認為，對於眼前正在現代化道路上艱辛摸索前進的眾多亞非新興國家來說，日本成為他們巨大的鼓舞和重要的教訓。《大英百科全書》也特別把日本近百年歷程作為卷首論文予以刊載，可以說也反映了極大的重視。

　　二十年前，日本戰敗，這個國家似乎在世界歷史上沉默了，但是今天卻發生了很大的改變，誠然是令人可喜的事情，然而，我認為日本人是不能在這種讚揚聲中驕矜不前的。去年夏天，美國大使賴肖爾（Reischauer）先生在離開日本之前我見到了他，賴肖爾先生對日本倍加讚揚，但我認為不要把日本人捧得太高，雖然對日本過去的歷史和今天的實力我也感到自豪和充滿信心，並且這一點上我也絕不輸於人，可是作為一個經歷明治以來百年歷史的人，我是不敢自負的。的確，日本人做了非常頑強的努力。與此同時，也令人感到日本人生逢其時，憑藉了其幸運的一面。

原序 —————————————

　　明治時代，廣受歡迎的商品 —— 絲綢的出口，換取了外匯，因而促進了工業化；戰後時期，由於戰爭把僅有的一點國內資源消耗殆盡，恰在此時，技術革新出現了轉機，扭轉了缺乏資源的不利局面。諸如此類憑藉幸運行事，對於日本不勝枚舉。

　　太平洋戰爭中，日本遭到慘敗，可是整體看來，日本還是在國際政治的變幻莫測中巧妙地掌握了自己的方向，這是日本人聰明的地方，尤其是明治時期的政治領導者都具有卓越的「機智」。它應該一直受到提倡，日本民族永遠不可以放棄這種「機智」。

　　「機智」和幸運是迥然不同的，不可以信手拈來，然而它們似乎都是贈與具有卓越歷史敏感性、而且一直在辛勤奮鬥的日本人的一種禮物。

　　可是對於那些被勝利沖昏頭腦和過分相信自己實力的人們，上天絕不會賜予這樣的幸運和「機智」，從日本的歷史也證實了這點。

　　回顧明治以來的百年歷史，我更加深切地感受到這點，並且希望肩負日本重任的後代也能從中體會到此深意。這本書如果發揮這一作用，我便深感欣慰了。

吉田茂

1967 年 5 月

關於吉田茂
一位經驗老道而深具魅力的政治家

作為日本戰後最有影響的政界領袖之一，吉田茂不僅在日本走向振興的過程中顯示出超凡的智慧，在許多朋友和幕僚的眼中，真實生活中的他也同樣表現出令人傾倒的個性魅力。

吉田出身於武士之家，在嶄露頭角之前，年富力強的吉田曾在日本外交界任職多年，西方文明的濡染，特別是英國的政治哲學對他產生了深刻的影響；在中國東北滿洲任職的經歷，則使他充分了解中國文化，並為之深感敬佩；年輕時代親身體驗的明治時期積極務實的精神，則深刻地融入他的性格之中。

身為國家元首，吉田是一位果斷的、有時直率得使人不易忍受的領導人。對於那些反對他或不喜歡他的對手，他從來不客氣，除非他們能和他的意見一致。戰後的日本處於混亂之中，人無定見，事無定評，吉田卻能堅定不移地走自己的路，按照他自己的直覺辦事，就像邱吉爾所說的「在危難之時不準備做不迎合潮流之事、在喧鬧面前又無法處之泰然的人，不適合當部長。」吉田能夠抵抗外來的壓力，只做那些對國家有益的事，而且儘管他有時顯得專橫，但在做出重大決定之前，還是能認真傾聽專家和顧問的意見，並非是那種傲慢固執、不肯改變自己想法的人。

關於吉田茂 ————————

　　吉田外交經驗豐富，深諳如何在關鍵的時候運用幽默的力量。1946 年日本遭遇糧食危機時，農林省宣布日本亟需進口 450 噸稻米，實際上卻只用了 70 噸稻米就化解了危機。當占領軍統帥麥克阿瑟質問吉田為什麼會出現如此離譜的統計數字時，吉田回答道：「如果日本的統計數字完備的話，就不會發生那樣輕率的戰爭，而且即使爆發了戰爭，也不見得會失敗。」說罷，便微微一笑。還有一次，在印尼蘇卡諾（Soekarno）訪日時，吉田料到印尼一定會與許多東南亞國家一樣，主動向日本要求賠償，便先發制人地對蘇卡諾說：「我期待著您的到來，從你們國家經常刮來的颱風，已經給日本造成了嚴重的破壞。我正等待著您的到來，以便就你們的颱風對我國造成的破壞要求賠償。」趁著蘇卡諾微微一怔的機會，吉田趕快繞開這個話題，最終使蘇卡諾未能有機會再次提出戰爭賠償。

吉田名言

- 「機智」這種東西，和幸運一樣，不是信手拈來的，它們好像都是贈給具有卓越的歷史敏感並勤奮工作的國民的一種禮物。
- 維新的大業，不能只靠領導人自己，必須借助於多數受教育的國民之手來推進。
- 必須盡快融入到國際經濟環境之中。

面對對手時顯得十分「狡猾」，但對待合作者，吉田總是採取坦誠的態度。他知人善任，培養了岸信介、池田勇人等一批年輕有為的政界新秀，使他推行的政策在他卸任之後能夠繼續得到執行。以戰敗者的身分面對占領軍時，吉田能夠信賴美國人所具有的優良特質，對占領軍施行的種種政策，即使有所不滿，也能從對方懷有善意的角度考慮，忠實地加以實行。他的作風贏得了麥克阿瑟的好感和敬重，從而與吉田結下了深厚的私人情誼，在麥克阿瑟回國之後，兩人仍一直保持著密切的聯繫。對日本的國民，吉田也抱有同樣信賴的情感，即使戰後的日本滿目瘡痍、一蹶不振，但他從未對日本民族自身的素養產生懷疑，而是始終相信依靠團結和努力，他們就能重建國家。

　　吉田 1967 年死於大磯，時年 89 歲。當時正在印尼進行國事訪問的日本首相池田勇人聽到這個消息後，即刻飛回日本來到大磯，當著眾人在他的導師的遺體前痛哭。幾天後，日本為吉田舉行了戰後的第一次國葬。這位歷史巨人在溘然長逝之際，欣慰地看到日本正以強者的姿態屹立於世界之林。

關於吉田茂

第一章
明治偉業的開端

領導者們的英明睿智

1. 停滯、太平和孤立的夢被培理[01]艦隊所打破

1860 年（萬延元年），日本人為了簽訂《日美通商條約》，派出日本使節乘美國軍艦赴美。勝海舟等人乘 250 噸的「咸臨丸」[02] 中途不停泊地橫渡了太平洋，這是日本人第一次駕駛輪船。

幕府的統治　澱川　葛飾北齋　出自《雪月花》1833 年
在外來的衝擊到來之前，日本德川幕府穩穩掌控著國內的局勢。在武士軍刀和軍事堡壘的威懾之下，雖然也面臨著體制束縛經濟的矛盾，但至少在表面上，江戶時期的日本仍維持著一片平靜祥和的太平景象。

01　培理（Matthew Calbraith Perry, 1794 ～ 1858）：美國的海軍準將，曾率 4 艘軍艦於 1853 年開入日本幕府的咽喉港口浦賀灣，並且強迫日本門戶開放。
02　咸臨丸：1857 年，日本江戶幕府委託荷蘭建造的軍艦，在幕府使節於 1860 年為了批准交換《日美通商條約》橫渡太平洋時，充當了護衛艦的角色。

外國艦隊的到來　肥前稻佐山　葵岡北溪　出自《諸國名所》1830 年代中期
日本作為脫離亞洲大陸的一個島國，對於西方探索的船隊而言，恰好是一個絕佳的
休整地和補給站。儘管幕府統治者畏懼外來的影響，下令閉關鎖國，西方列強的覬
覦之心卻難以迴避，一旦恰當的時機到來，載滿洋槍火炮的艦隊就會以武力叩響日
本的國門。

在此之前，日本人從來沒有見過輪船，從開始了解學習
航海技術到橫渡太平洋，也只有短短的幾年時間。但是，日
本人為了激勵國人的民族意識，決定試行橫渡太平洋，在美
國海軍同乘和幫助下，終於成功地完成了這次意義非凡的遠
洋橫渡。

這一次的遠洋橫渡，拉開了日本現代史 [03] 的序幕。

似乎也可以這樣認為，日本雖然是在外國的壓力下被迫
開放門戶，但是日本一旦決定開放，便毫不猶豫地在西方文
明和經濟的衝擊中顯示出自己勇於冒險的氣魄和意志。

1853 年（嘉永六年）的 6 月，在美國的培理率艦隊到
達日本的浦賀港之前，日本是一個在經濟、科學等各方面停

03　指 1900 年（明治三十三年）後，日本進入現代階段。

滯的封建制國家。

　　士、農、工、商這種嚴格的等級制度，長期束縛著日本人的生活，甚至連所使用的文字和語言的區別都非常明確。儒教道德思想是上下尊卑、服從和效忠等日本社會關係的起源，而幕府[04]為了維護這種固執的封建秩序，拒絕任何的社會變化。

　　1856年，第一任美國駐日總領事哈里斯[05]在他的日記中寫到：對於任何事情，日本人都是遵守著「靜止的東西，不應該讓它活動」這樣的宗旨。

　　因此在這一切發生之前，日本一直是一個與世隔絕、憧憬太平生活的國家。

　　自從1636年日本頒布「鎖國令」之後，日本人拒絕與世界各國的交流，除了荷蘭船隻和中國船隻外，一律禁止到訪，即便是荷蘭和中國的船隻，也要在貿易港口和居住地區等多方面受到嚴格的限制。國外的風雲變化，只能透過長崎和國外的有限接觸，點滴地流傳到日本。

04　幕府：日本仿照中國古代制度將將軍處理軍務的地方稱為幕府，自從將軍掌握了國家統治實權後，幕府便成為他們的行政中心，有時候也代表日本的統治者。

05　哈里斯（Townsend Harris, 1804～1878）：曾任美國外交官，於1856年出任第一任駐日本總領事。曾與幕府時期的日本簽定過友好通商條約和貿易協定。

岌岌可危的等級制

武士，是封建幕府統治的主要支柱，幕府也賦予他們最高等級的社會地位，位列士（武士，左上）、農（左下）、工（右上）、商（右下）4個社會等級之首。武士享有特權，不事生產就可坐享俸祿，如果威嚴受到侵犯，甚至能自行處死其他階層的庶民。但到了17世紀的江戶時代，財富不斷成長的商人成為社會的新興力量，而武士階層的勢力卻漸驅衰弱，日本社會的基礎 —— 等級制正面臨一場嚴峻的挑戰。

培理將軍

培理以武力威脅江戶的幕府打開國門，在日本人眼中他是一位坐著噴火怪獸到訪的異域妖魔。

　　這也是日本之所以能夠清心寡慾地太平了將近 3 個世紀的最大原因。長達 200 年的漫漫時光中，除了漂流國外的個別漁民，日本沒有人去過國外。

　　這種停滯、太平和孤立的狀態持續到了 1853 年，培理率領美國艦隊訪日，不僅炫耀軍事力量，而且逼迫日本開放門戶，從而打破了日本平靜的美夢。

　　1854 年，培理第二次率艦來到日本，深入到了江戶灣，並且要求日本對他去年帶來的美國總統書信做出明確的答覆。下面這段文字充分表達了當時日本國人對輪船的驚恐：

> 「美國的軍艦在 1 月 28 日從浦賀開船，停泊在神奈川灣，幕府見狀驚恐萬分，認為美國軍艦將繞過羽田灘而進入

到品川，如果一旦談判破裂，江戶將在美國人的大炮之
下，化為雲煙。從神奈川到江戶之間，瞭望哨所比比皆
是，告急的書信如雪花般飛來。在將軍所駐城堡，忽
然得知夷船向江戶駛來，大驚，忽然又得知夷船向浦賀
駛去，又放寬了一下心。就這樣忽驚忽安，日達數次。
後經詳細調查夷船轉舵原委，據說，因潮汐漲落及風向
的變化，夷船便在其停泊的原地改變方向。哨所據此上
報，才引起一場虛驚等等。」

　　── 摘自福地源一郎《幕府衰亡論》第 51 頁；岡義武
《現代日本政治史》第 19 頁

　　面臨美國艦隊的恐嚇，日本幕府不得不做出讓步，就這
樣打破了日本兩個多世紀的孤立而與美國簽訂了《日美親
善條約》，開放了下田、函館兩地，並在 1856 年（安政三
年），屈服於美國駐日領事哈里斯的強硬要求，簽訂了《日
美通商條約》。

　　進行談判的幕府官員們，了解到由於亞羅號事件[06]而導致
中國慘敗，唯恐日本重蹈清朝政府覆轍。

06　亞羅號事件：1856 年，中國商船「亞羅」號停靠在廣州附近，船上 2 名海盜
　　和 10 名嫌疑船員被廣州水師逮捕，英國謊稱該船屬英國籍，以此藉口發動了
　　第二次鴉片戰爭，即後來英法聯軍與清朝之間的戰爭。

2. 開港論與攘夷論的激烈爭辯

武士盔甲

攘夷者最初認為日本武士精純的技藝足以抵擋外來入侵者，維護國家的獨立，然而在冷峻的現實面前，他們終於意識到無論是多麼精細的盔甲和武士刀，在洋槍洋炮的威力面前都脆弱得不堪一擊。

　　日本國民對於圍繞通商條約問題的意見卻分為兩種。一種意見是開港論，他們認為，如果堅持閉關鎖國這種思想，就會發展為和西方各國戰爭的導火線，並且日本很有可能會失敗，因此開放港口是一種較好的選擇。

　　另一種與此對立的意見是攘夷論，他們斷然拒絕美國提出的開港要求，堅持擊退美國船隻。在堅持攘夷論的人中，雖然有些人是從原有的對外厭惡感產生的反對對外開放，但

是他們也不都是單純的排外分子。

在攘夷論者中也有這樣一群人，他們認為如果由於西方各國的軍事壓力而強行開港，必然會損害國家的主權，因此他們主張趕走洋人，堅決排除西方各國壓力，然後自主自願地開放港口。他們還認為被迫而試行開港這種做法滲透出失敗主義思想，必然會引起洋人對日本獨立的干涉。

在對立的意見中，還存在著另外一種意見，有人認為保持原有幕府的政治制度，並不能抵抗強大的外國勢力，從而提議天皇親政；還有人則主張保持幕府的傳統政治制度不變。因此，日本政治沉淪起伏、動盪不安。

薩摩與長州兩地[07]的攘夷論者們企圖趕走美國人，可是終究不敵西方各國的炮艦，終於明白攘夷是難以成功的。

就在此時，開港論充滿了積極的色彩，希望透過開港能夠讓日本富強起來，繼而培養使日本能夠抵抗西方各國的能力，這樣的觀點也逐漸為更多的人所接受。

例如，伊藤博文[08]在擔任日本首相之前，於 1863 年悄悄地去英國留學。在倫敦等地看到的情況，使他認識到攘夷的舉動是輕率的。

07　薩摩與長州：薩摩即今鹿兒島縣；長州即今山口縣。

08　伊藤博文（1841～1909）：長州人，藩士出身，曾參加「尊王攘夷」和明治維新運動。1900 年創立了「政友會」，並且 4 次出任日本首相，成為日本侵略中國和朝鮮時的主謀者。1909 年，於哈爾濱被朝鮮愛國者安重根刺殺。

　　他認為攘夷是導致日本滅亡的方式。他說：「就算我們國民豐富了學識，可是假如自己的國家已經滅亡，那又有什麼用呢？」於是他立即回國，努力致力於反對攘夷論的工作。

17 世紀荷蘭商人居住的出島

17 世紀末，荷蘭商人是唯一被幕府接受的歐洲人，即使是他們，也只能居住在長崎港口附近的出島（畫面中心那座四周建有白色圍牆、只有一座小橋與本州相連的島嶼），不能隨意到日本境內活動。

走向世界　山口蓬春

明治四年的 11 月,日本政府派出以岩倉具視、木戶孝允、大久保利通為首的使節團出訪世界,一方面以主動和開放的姿態與各國建立外交關係,另一方面對各國國情做一番考察。隨同使節團一同出發的,還有 6 名女留學生。使節團歸國後呈交了一份詳細的報告書,它成為日本實現現代化的重要基礎。

3. 在富於想像力的領導人領導下，開始明治維新運動

但是，西方各國在軍事上的優越條件使日本國民感到恐慌，也開始不再信任幕府，這便促使日本國民開始尋求另一種政治體制來取代幕藩[09]制。

於是，以德川時代[10]完全成為形式上權威的天皇為中心的一元化的新的政權出現了。幕藩制度到天皇親政這一歷史過程中，出現了一定的紛爭，但是由於英明的日本領導人在政治上的果斷，終於用和平的方式，使幕府將軍還政於天皇，開始了「明治維新」。

新的政權實施了日本明治維新的基本政策，具體地就是開放門戶，保持與世界各國的外交關係，與此同時，展開富國強兵政策來確保國家的獨立。

實行此政策的領導人都是極度富有想像力和領導能力的人，這也是日本的幸運。明治天皇的聲明，即「五條誓文」中便充分地表現出了他們的進取精神。

1. 廣興會議，萬機決於公論；
2. 上下一心，盛行經綸；
3. 文武一途以至庶民，各遂其志，人心不倦；

09　幕藩：指幕府和諸侯領地，幕府末年，採用藩來區別各地的大名。明治四年時，廢藩置縣。

10　文明開化：明治初期，日本為了促進自己的文明發展和現代化的形成，學習西方的科學、文化和教育等舉措。

4. 破舊有之陋習，基於天地之公道；

5. 求知於世界，大振皇基。

年輕的明治天皇
1868 年，15 歲的明治天皇及其幕僚從幕府將軍德川慶喜手中接過統治大權。明治
天皇勇於接受西方風俗，從 1872 年起他就帶頭剪掉髮髻，穿起西裝，這張照片是
他 25 歲時身著歐式軍裝所照的。

新式文明的衝擊
和大久保利通一樣,當英國朝氣勃發的新面貌真切地擺在眼前時,一些有幸來此旅行的日本人在內心沮喪的同時,也對本國的落後與閉塞有了更清楚的認知。

　　對於創造一個足以讓日本獲得獨立的強大國家所必須實行的措施,即使事先預想到很大的困難,這些領導者們依然能果斷實行。

　　他們具有雙重能力,一是在打倒幕府運動過程中所展現的敏銳的政治機智,另一點是在攘夷失敗後到外國的學習觀察中,親身感受到西方文明的衝擊,確定引進外國先進文化的必要。

　　例如，作為明治維新領導人之一的大久保利通，在扶植產業上費盡了心思。明治維新四年之後，大久保利通在歐洲旅行時，看到了英國的工廠、道路、鐵路，讚嘆不已，沉痛感覺到日本與其他國家的差距。後來他曾說：「像我這樣年近半百的人，今後已經無能為力，也難以適應時代的要求，便惟有引退了。

　　大久保利通能夠完全奮不顧身地去扶植民族產業，主要是因為他能夠準確及時地掌握現實狀況。

4. 制度改革、產業扶植和現代式軍隊的創建

　　1871 年（維新四年）之後，明治政府廢藩置縣，實行中央政府委任縣知事來統治。

　　這種制度的改革象徵著中央集權制度的形成，並使德川時代那些控制大量土地的藩主實質性地失掉了自己的權利。同時，這種改革也廢除了身分等級制度。改革開始後，明治政府停止了武士的俸祿，從而武士再也不能依靠身分來獲取生活的保障。人們必須依靠職業，例如教師、官吏或企業家等來保障自己的生活。

　　明治政府還實施了國民享有平等接受教育機會的教育制度，日本振興的大業不能單單只依靠少數的領導人，還必須要獲得大多數受過教育的國民一起來完成，這也是當時領導者們的思想意識。

面臨新的改革　歌川廣重
幕府時期各地諸侯擁有土地並利用土地捆綁農民、剝削農民的方式，在明治時期已
難以適應新的形勢。改革者們認識到要改變日本農業生產日出而做，日落而息的落
後面貌，必須要拋棄業已千瘡百孔的封建制度。

　　此外，明治領導者們還學習了西方各國軍備制度的知
識，吸取了德川末期軍備改革的經驗，不僅依靠武士來保衛
自己的祖國，還要激勵全國國民保衛國家的決心，以全新的
思想創建了現代式的軍隊。

　　與此同時，明治領導者們承認土地自由買賣，並廢除了
農民和土地的隸屬關係。當時，有些人反對這種徹底性質的
改革，尤其武士們的反對情緒高漲，甚至引發了小規模的內
戰，可是明治維新時期的領導者們以堅定的意志克服了這些
難關。

　　近代的國家體制就這樣建立起來，並在這種體制的基礎
上繼續尋求工業的發展。

武士與火車　豐原國周
武士高超精妙的武藝不再是日本社會的有力支持，他們雖然並不甘心退下舞臺，但武士刀畢竟難以抵擋社會的現代化步伐。

青山練兵場　梅堂小國政
明治維新的變革廢除了日本封建時代幕府、地方大名及武士之間相互依賴的關係，隨即現代式的國家軍隊就組建起來。青山練兵場於明治十九年設立，第二年明治天皇即親自前往閱兵。

　　第一，國家開始逐步建立鐵路、電信、郵政等可以促進工業順利發展的部門；第二，由政府出面，創辦一些示範性工廠，用來啟發民間興辦企業；第三，給予那些新興企業家們貸款等援助；第四，政府還重視針對一般國民的啟蒙性質的工作，獎勵讀報，降低報刊的郵費，實行投稿免費機制，來幫助新聞界的發展。

　　這些政策促進了現代化所必備的國民思想的轉變，比如從前的儒教道德鄙視金錢，而現代化的道德觀念獎勵賺取金錢等，並收到了很好的效果。

國民的勤奮和靈活性

1. 重視國民教育，努力提高就學率

對於明治時期需要特別稱讚的是明治政府努力普及教育、培養人才的這一措施。英明的明治領導者們一致認為只有提高國民的教育水準，才能使國家富強。

普及教育
早在明治維新以前，教育就是日本統治者極其重視的一個方面。在江戶時代，日本為庶民建立了專門的教育機會 —— 寺子屋，教授學生（包括女學生）基本的讀寫技能。

西洋音樂會

一旦下定了「求知於世界」的決心，日本民眾就將它進行得十分徹底。在東京音樂學校 1889 級學生舉辦的一場音樂會中，樂器、服裝，甚至連演出場景的布置都是完全西化的。

　　為了振興現代工業，必須培養能夠適應這一事業的人。就是在現代化軍隊中，也要求士兵具有高度的文化水準，因此教育是十分重要的。明治時期的領導者們從教育出發，在全國範圍內興辦學校，普及教育，改變日本原本的教育面貌。

　　可是，那時的政府卻無力支付設立小學的補助金，因此，由國民自行出資興辦了大部分的小學。

　　許多民眾因為生活所迫，並不願將自己的孩子送進學校，然而政府卻不惜一切代價提高就學率。地方上的地主也十分重視國民教育，將他們從德川時代積蓄起來的部分財富捐出來興辦學校。他們之所以會這樣做，是出於培育地方文化的責任感。而在日本，從德川時代以來，一般民眾就習慣到「寺院私塾」讀書，有著尊重教育的強烈心情。

　　就這樣，國民教育急速普及，到 1912 年（明治末年），日本的就學率已經超過 95%。如今，當人們旅行到鄉村，可以看到村中最好的建築物依然是小學校的校舍，由此可以強烈地感覺到日本人民對於教育的尊重。

　　政府為了發展高等教育，高薪聘請外國教師，派遣優秀的日本學生到國外留學，大力培養學者。此外，從事教育工作者還有許多未能參加政府工作的知識分子，自己來創辦私立學校。利用教育事業來促進現代化的實現，這是日本現代化發展的重要特點。

岩倉使節團的首腦
圖中從左至右分別為：木戶孝允、山口尚芳、岩倉具視、伊藤博文、大久保利通。這幾人是岩倉使節團的首腦人物，不但擁有冷靜堅定的意志，更具備豐富廣泛的學識，在經過出訪世界的歷練後，都成為明治政府中的精英和骨幹。

2. 利用「文明開化」¹¹，積極儲蓄，推進現代化發展

改革的順利推進，不僅僅依靠完成明治維新的領導者們，還有一部分人也發揮了重要的作用，他們就是其後出現的知識分子。

這些知識分子生活在德川時代末期，曾在幕府翻譯部門擔任職務或者在各藩研究西方情況。他們沒有參加過明治維新的工作，但是，他們當中有像福澤諭吉那樣從事現代化人才培養的事業；也有像大隈重信那樣擔任著官職；還有些像澀澤榮一那樣進入了產業界。他們雖然從事著不同的職業，但是他們有著一致的主張，那就是大膽引進西方的技術和學習西方制度。

他們當中很多出身自武士階層，沒有從事經濟活動的經驗，但這反而成為他們從事新興經濟活動時的有利條件。

為什麼這麼說呢？因為要從事新型的經濟活動種類必須要具備一種冒險和探索的精神，而毫無束縛的經歷和傳統，使武士們更能勇於接受新事物，就像乘坐「咸臨丸」橫渡太平洋，冒險精神成了他們的推動力。

然而只依靠這些具有冒險精神的先知們實現現代化還是相當困難的，還要有那麼一群人們，能夠繼承這些先知先覺的人們，勇於為實現現代化而擔負重任的人們。

11　文明開化：明治初期，日本為了促進自己的文明發展和現代化的形成，學習西方的科學、文化和教育等舉措。

　　從這點來說，日本現代化形成的基本因素就是：國民能夠以「文明開化」為基礎，主動而積極地學習西方的法律、科學、藝術以及宗教等相關的文化技術，並且努力應用於工作，積極儲蓄，來累積日本現代化所必需的資金。

　　日本國民有著強烈的儒教道德感，他們的消費態度一方面把獲得利潤看為不道德的行為，另一方面又認為勤儉節約是一種美德，而奢侈是一種罪惡。這樣雖然妨礙了產業的發展，但是也促進人們踴躍儲蓄，從而又促進了產業的發展。

3. 日本人傳統性格中有著主動吸收外國文明的特點

　　面對西方文明的衝擊，明治維新領導者們決定開放門戶，吸取西方的文明。國內普通的民眾不僅沒有抵抗，而且欣然接受這一現狀，呈現出引進西方文明的熱心態度，甚至在一段時間內，他們輕視日本自我的文化遺產，一切都認為新興事物才最好。

　　有一段文章是這樣諷刺當時情況的：

　　「最近一段時期人們已經將『文明開化』當作自己的口頭禪了。可是真正掌握『文明開化』這一譯語內涵而談論的人卻非常少。只是經常聽到人們說：『聽說把豬肉吃了就變文明了。』[12]『你看，那位先生走在路上一直打著陽傘，真

12　日本明治維新之前，日本人是不吃豬肉的，日本人將吃豬肉看作吃西餐。

是一個文明人。』『穿鞋走進屋子[13]文明得真是叫人無法忍受。』這些都是不了解文明的原意，只是把胡亂一些聽到的、看到的新鮮事物當作『文明開化』，這樣的確會出現意料不到的錯誤。」

對於海外的商品，人們競相購買。一些人認為應該改革日本文字，還有像森有禮那樣的人，希望廢除漢字，改為羅馬文字。

有些人提倡改善國民的體質，他們認為「就算日本人天生聰明，可是毅力貧乏，這是因為不吃肉的原因。」因此，在日本人嬰兒時期就給他們餵牛奶，並讓他們吃牛肉長大，日本人也一定可以變成很有毅力的國民。因為「牛是一種反應遲鈍的動物，吃反應遲鈍的牛肉長大，也一定會形成牛一樣的耐力。」還有人提出要與外國女人結婚，改善國人的人種。

那時期的日本國民希望一下子改變所有的東西。當然，這樣就會不可避免地產生一些負作用，然而主要還是讓日本更容易吸納西方文明，加快現代化。這種局面似乎與德川末期那時候的攘夷運動大相徑庭，可是日本人的傳統性格就展現了這種主動吸取外國文明的精神。

長期以來，日本人就已經習慣了這種精神。正面來說，是日本人能夠以寬宏大量的胸懷面對其他文明；反過來，也

13　在日本傳統的民居，屋子裡鋪上了席子，因此進門要脫鞋。

可以說他們沉醉於對外國文明的模仿。歷史中的日本曾長期
醉心於中國，將中國文化不遺餘力輸入日本。

　　日本最初的憲法（即《十七條憲法》）就是聖德太子[14]
用漢字書寫的，而且聖德太子還將中國服裝引進到日本，收
集大量中國物品，甚至希望生活全部中國化。同樣的道理，
16 世紀當西歐的文化衝擊到日本，國人也同樣地積極吸收西
方的文化。

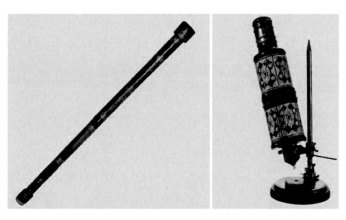

顯微鏡與望遠鏡
由西方傳來的望遠鏡與顯微鏡，在日本民眾眼前打開了他們從未意識到的宏觀與微
觀世界。

14　聖德太子（574 ～ 622）：任推古天皇時期攝政，曾派人到中國留學、考察。

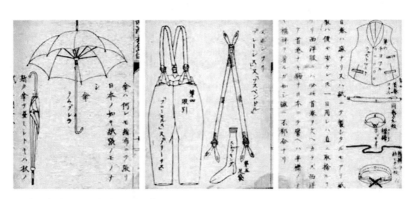

關於西方生活方式的指導書
在盲目追趕西方文明的潮流中，日本出版了大量指導西化的書籍，旨在幫助人們更進一步地了解和學習西方時髦的生活方式。

　　查詢一下當時的文獻，就可以發現當時來到日本的那些傳教士十分驚奇洋槍在日本的普及，並因此認為日本在所有的東方國家中是如此的與眾不同。

　　日本人對外國之所有抱有這樣的態度，有一定的歷史原因。在日本附近的國家，沒有威脅它的大國，只有一個相隔很遠卻可以為它帶來文明的中國，那時候，古代的中國擁有世界上非常先進的文明，因此，學習中國，對日本來說是莫大的恩惠。

　　由於歷史上交通的限制，日本雖然與中國隔海遙望，但是中國無法統治日本，長期以來，日本人從這樣的歷史狀況中形成了對外來文明的毫無警惕，甚至主動吸納的性格。

4. 進入法治國家，增強了日本的獨立意識

　　當西方國家的軍事力量於 19 世紀威脅到日本時，因為日本人擔心國家獨立的喪失，也曾強烈地反抗。可是當他們發現吸納外國文明可以促進國家的獨立，日本人便變得十分熱衷於吸納西方文明。隨著對於西方文明理解的加深，日本人越來越感到西方文明的優越性，甚至開始欣賞西方文明。

聖德太子及其兩個兒子
作為日本政治上最開明的政治家之一，聖德太子於西元 607 年主動派遣使團前往中國，首度為日本汲取中國文化建立了管道。

　　日本人從希望獨立的角度越來越能理解西方文明的優越，從他們對待大津事件[15]的態度上可以發現日本人對待外國人的態度。

　　1891年（明治二十四年），當俄國皇太子訪日時，一個國粹主義者的員警將其刺傷。日本國民對這件事情感到很遺憾，他們從日本各地帶去了慰問信和慰問品給俄國皇太子，還向俄國國內的皇帝致電表示深切的遺憾。日本國民因為這種對外國客人不禮貌的行為感到發自內心的愧疚。

　　這件事當中，針對圍繞審理此案的官員還有一段小小的插曲。日本政府更加擔心是否會因為此事被外國找到藉口，因此政府希望採用對皇室犯罪的最嚴屬的法律對犯人處以死刑。可是，這個時候，大審院[16]院長兒島惟謙完全不屈服於這種政治壓力，力爭維護司法權獨立，以法律正義的原則對被告判以無期徒刑。這些審判官員們胸懷「日本是一個法治的國家」這樣的自豪感，本著獨立精神而做了他們認為非常正確的事情。這也許可以表明日本國民對俄國皇太子態度友好，同時也展現出明治維新時期日本民族優良的一面。

15　大津事件：1891年，當時俄國皇太子訪問日本，途徑大津市時，被沿途國粹主義的日本員警所刺傷的事件。

16　大審院：明治憲法中規定的日本最高的審判機構。

5. 充實日本國家的配置，重用「聘請的外籍人員」

　　日本領導者們沒有採用引進外資的方法，是害怕在經濟上受到外國資本的控制。可是他們找到另一種方法，透過高薪聘用外籍人員來輸入外國技術。

　　一時間，日本國內法律、軍事、經濟等各個領域都充斥著「聘請來的外籍人員」。這些被聘請來的外籍人員在日本認真工作，不僅給日本帶來了需要的技術知識，還發揮了參謀的作用。

　　他們的作用是非常巨大的，比如，芬諾洛薩[17]一方面在日本教育界努力工作，一方面還將日本的美術傳播到了歐洲；再比如，外務省聘請的丹尼森，他曾經以隨員的身分參與了樸茨茅斯會議[18]，對當時日清戰爭（即中日甲午戰爭）和日俄戰爭的外交都提出了重要的意見。美國總統狄奧多·羅斯福當時諷刺他說：「你將自己當作了美國人還是日本人？」因為他的行為完全像一個日本人。

　　「聘請外籍人員」的政策之所以會形成如此局面，是因為日本人對外國人的友好態度和外籍人員那種忠於職守的西方式的道德觀念，這是日本人應該從中吸取的經驗。

17　芬諾洛薩（1853～1908）：英國的美術家、哲學家。明治十一年來到日本，任教東京帝國大學哲學系，在此期間他研究了日本美術，創辦了美術學校，對於日本國畫的復興發揮了積極的作用。

18　樸茨茅斯會議：1905年，為了日俄戰爭合約而在美國東部城市樸茨茅斯召開的會議。

　　另外，在那個歷史時期，排外的民族主義在歐洲和日本尚未興起，對於日本來說，這也是十分幸運的事情。

先進技術的利用
具有汲取異國文化經驗的日本，深知如何駕馭外國精英和技術來為本國服務。19 世紀 80 年代，劄木晃電信局已經引入全套世界上最先進的電話交換設備。

西式鐘錶
岩倉使團考察西方結束後，為天皇帶回一些西式鐘錶，從而也將更精確的曆法 —— 太陽曆介紹給日本民眾。

德川時代中有價值的歷史遺產

1. 封建制度創建了形成近代國家基礎的財產

我們應該將眼光放得更寬廣，不能只是局限於明治維新時期，否則我們很難理解明治時期日本實現現代化的祕密。

從經驗中總結，我們可以知道日本在明治時期之所以會有如此發展，是立足於日本德川時代遺產之上的。例如，儒教遺留給日本一種道德觀念：努力工作而不肆意揮霍；另外，在德川時代日本就已經實現了國土和語言的統一，這也是一項十分重要的遺產。

更確切的說，在日本德川時代，日本孤立和停滯了 260 年，長期的太平為日本創造了堅實的「社會資本」作為基礎。歐洲各國也是如此情況，近代國家建立的基礎都是由封建制度打下的。

首先，日本近代國家的構成就建立在德川時代統治制度之上。實行統治的武士階級在德川時代累積了經驗，自然而然地形成了一種官吏制度，並且培養了一批很有組織能力的人才。

月光下的街道　歌川廣重出自《江戶名勝百景》約 1856 年至 1858 年
在德川時代，首都江戶（即今日東京）日漸繁榮的市井生活，正是活躍的社會經濟
的鮮明展現。

六原之戰　屏風
日本武士出身高貴，並且自幼接受良好教育，在擁有較高社會地位的同時，也深受
整個社會的重視。
通常認為在激烈鏖戰的戰場上，他們可以是浴血廝殺的勇敢戰士，而在和平的建設
時期，他們也能成為深謀遠慮、富貴任心的官員和執政者。

隅田川上的遊船　葛飾北齋　出自《嬤嬤講述的詩百首》1835 年至 1836 年
隅田川是德川幕府時期江戶重要的輸送水道，平時並不向普通百姓開放，但每年夏天的煙火祭期間卻是例外。每逢此時，江戶城內的富商便爭相雇傭大型遊船，廣邀知名的名士與藝妓，泛舟江上，恣意取樂。

　　舊的武士能夠扶植產業，並利用組織採取行動，這樣一個重要的優點和能力，就是在特定的時代中幕府或者各藩的政治起伏中得到鍛煉而形成的。

　　武士在日本地位很高，責任重大，但是經濟卻不是非常富裕，這一點有利於培養武士的使命感和冒險精神，從而成為優秀的領導者。尤其在 19 世紀初，各藩面臨著外國對於日本的威脅，從而創建了大批藩立學校，對人才的培育發揮非常巨大的作用。

　　在這些新興的學校中，學生學到的是西方軍事學和所謂「實學」，而不是封建制度所崇尚的儒教教育。這些人才將具備應付困難的智慧、意志和能夠從事實際工作的能力。

　　各藩不但注重培養這些人才，還希望在 19 世紀初給他們一個展現自我的巨大舞臺。許多下級武士從此登上政治舞臺，成為明治維新的新領袖，其中較為突出的澀澤榮一就是由一個半農半商之家的子弟一躍成為明治時期產業界的領袖。

2. 進行明治維新的準備和時機都已經成熟

　　外國的壓力並不是引發明治維新的唯一原因，最主要的原因還是日本人在平靜的 260 年中緩慢出現的巨大變化。譬如，市場的出現和發展、商人的興起都屬於這種變化的典型。在那些太平的歲月中，隨著生產能力的成長，國民的消費變得豐富多樣，商人大發其財，雖然他們身分依舊卑微，可是在武士面前卻也能洋洋自得。

　　當貨幣、度量衡得到了統一，公路、水路也變得暢通，日本率先從稻米開始形成了全國性的流通經濟。以帳薄和「隱名合夥」[19] 等為代表的商業經營技術也相繼發展起來。所有的一切，都為明治維新時期扶植產業發揮了作用。

19　隱名合夥：日文中被稱作為「匿名組合」。日本商法有記載，與人合資而不出名，分享其利益及擔負虧損的部分由出資範圍決定。

地方測量之圖　葛飾北齋　1848 年
早在 1850 年代，日本人已學會利用西方傳來的大方儀及小方儀來精密地測量土地。
對於比國內先進的科學技術，日本總是不遺餘力地加以學習和利用，這使它得以不
斷縮小與西方列強之間的差距。

色彩絢麗、手感柔軟的日本絲綢

　　在德川時期，商人的勢力逐漸擴大，便動搖了原有的社會制度，進入 19 世紀後，武士們開始認真思考社會改革的問題。

　　面對國外的壓力和國內不穩定因素，日本該怎麼走呢？考慮到這一點，明治維新的領導者們明白想要發展必須要討伐幕府。同時，一般農民的農業技術得到了提高，紡織品等手工業得到了發展，剛剛開始的教育也逐步邁向普及，這一切都構成了現代化的基礎。

　　日本現代化的發展是十分幸運的。那時剛剛進入 19 世紀的下半葉，先進的國家雖然已經完成了產業革命，但是他們的技術水準仍處於提高熟練程度和累積經驗的階段，仍需要不斷接受科學的證明。近代的鋼鐵工業剛剛開始起步，幾乎還沒有出現化學工業，興建鐵路剛剛進入熱潮，而帆船還沒有被輪船所代替。因此，日本的技術水準並未遠遠落後於先進的西方國家，日本人還可以一邊有效率地利用自我的傳統技術，一邊加倍努力去趕上西方已開發國家的發展腳步。

　　對當時一些可算是最新的方法，例如，以鐵路和輪船為中心的第二次工業革命的成果，日本人就能夠毫不猶豫地採用，還結合國內情況採用了國民普遍教育和依靠國家保護並扶植產業的方式。

　　當然，日本還有被外國人所歡迎的出口商品 —— 絲綢，它對日本產業的發展做出了重大的貢獻，並提供了非常必要的外匯收入。就這樣，透過那個特定時代國人驚人的努力，繼承了德川時期的遺產，又恰逢非常幸運的機會，這一切共同造就了現代化的日本。

第二章
推行現代化帶來的困境

引進西方文明付出了相應的代價

1. 熱烈展開創設議會的活動與清算封建制度

西鄉隆盛　小林永濯

早年曾為改革幕藩政治四處奔走的西鄉隆盛，以其過人的才智和恆心，與木戶孝允、大久保利通並稱為「維新三傑」。1873 年，西鄉的「征韓」計畫未能得到政府的回應，繼而辭職回鄉，之後他的政見愈來愈背離明治維新所代表的精神。

　　日本在明治時期，快速地實現了現代化，然而，這一歷史過程並不是一帆風順的，反而充滿了艱辛和苦難。

　　首先，現代化和封建制度充滿了矛盾，對於明治維新的領導者們，他們必須堅決清算封建制度。這一矛盾的激化很容易帶來內戰，但是領導者們的英明決策和毅然決然的態度平定了整個局勢。

西南戰爭熊本城之役　近藤樵仙
在百姓的協助下，政府軍正拖著火炮向西鄉隆盛的大本營 —— 熊本城堡進發。由於兩軍的裝備相差懸殊太大，政府軍最終取得了這場戰爭的勝利。

日本文學名著《源式物語》中為愛情放棄皇位的男主角 —— 源氏

1897 年生產的賓士牌汽車

接下來,日本面臨了一個重要的難題 —— 如何建立近代國家體制的問題。關於這個問題,國人有過很多不同的意見。

　　有一些激進人士希望設立議會，並且主張放開許可權，將大許可權交給議會。他們從約翰‧史都華‧彌爾[20]的《論自由》和盧梭的《社會契約論》中尋找支持他們觀點的論據。

　　而另一些人與上述觀點恰恰相反，他們站在舊道德觀的立場上，堅持巨大的許可權應該屬於天皇，應該運用天皇的權威去謀求全國人民精神上的統一。

　　處在兩種觀點之間的是一些政府的官員，他們之中包括希望採取英國式的君主立憲制的人們、像伊藤博文那樣主張立憲政治，但反對採用英國形式的人們以及像山縣有朋那樣對立憲政治持相反意見的人們。

　　當然，這些對立的意見，也從側面說明明治時期在日本國內出現的各種問題。

　　首先，自由民權運動家認為明治政府基礎薄弱，強烈主張設立議會。明治維新是以肥後、土佐、長州、薩摩四藩為中心開展的，而其中又以薩摩和長州兩藩完成了最重要的任務。

　　因此，四藩出身的人成為明治政府的中心，他們占據了明治政府高級官員中的三分之二。雖然他們能夠從國家的角度來考慮問題，一絲一毫也沒有被「藩」的狹隘立場所限

20　約翰‧史都華‧彌爾（1806～1873）：英國證實論哲學家，資產階級經濟學家。著有《功利主義》、《論自由》和《經濟學原理》。

制，但是那些沒有能夠參加明治政府的人們依然對他們抱有極大的不滿。自由民權運動家們就是以這種強烈的不滿作為背景進行活動的。

2. 將富國強兵作為政策與引進科學文明技術的中心問題

其次，那些單純的復古主義者主張利用天皇的權威來實現精神上的統一，他們也是想進行能夠解決明治時期當時存在問題的一種嘗試，就是快速實現現代化而產生的道德上的混亂。

明治政府推行迅速進入現代化，而國人們醉心於文明開化，從而出現了道德上的混亂，這也是日本人想要吸納西方文明所必須支付的代價。

憲法頒布儀式
貫穿於整個明治維新過程中、恍如法國革命前夕般洶湧激昂的自由民權運動是日本現代化的一大特點，直接推動了君主立憲的確立。

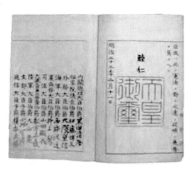

日本帝國憲法原文
1889 年頒布的日本帝國憲法原文，天皇睦仁與各部大臣在文末均寫下親筆的簽名。

外國文明的輸入很容易破壞本土社會、文化和精神上的統一。在德川末期，一些思想家們曾預想用「西方的藝術、東方的道德」或者是用「西方的學識、日本的精神」作為對付這種破壞的公式。

但是，這樣的公式與實行現代化是相背離的。

為什麼這麼說呢？受宣導的文明原本是一個統一體，很難只單單採用它的科學文明技術。如果要採用西方先進的軍艦和武器，就必須修建配合它的造船廠和兵工廠，進一步地為了使造船廠和兵工廠的機能得到有效的發揮，就必須讓構成它基礎的經濟活動能夠得到順利進展。

過去的儒教倫理將追求利潤視為不道德的行為，這就產生了矛盾。因此，想要擁有軍艦就必須影響到該國的文化。

　　然而，就算業已輸入西方國家的科學文明技術，要吸納其政治觀點、思想方法等形成其文明基礎的東西，仍然不是一件簡單的事情。就是這樣一些所謂的價值體系[21]，如果沒有經過漫長的歷史過程，用自己的力量努力地創造它，那麼，努力改革的東西就不能夠成為人們一種真實的道德基礎。

　　因此，在一種不得已的情況下，採用外國文明的國家便會面臨一種困境，這種困境是深刻且令人進退維谷的。

　　在那個時代有個學者曾經說：「孔孟的道德已經衰落了，西方的理論還末進入，這就像太陽已經落山，而月亮猶末升起時的情況。」這足以表明，當時日本社會面臨的最大的問題是什麼。

　　對此，明治時期的領導者們從如何可以使國家迅速發展的角度出發，以用如何可以建立一個富強的日本的原則問題來考慮，探索了國家體制的問題。

　　對他們來說，國家必須是強大而有力量的，從此意義上考慮，他們在觀念上並沒有將設立國會論放在一種重要的位置。

21　價值體系：指的是哲學上的價值體系。以德國佛萊堡學派為代表的唯心主義哲學派別，希望所有文化領域都能夠和價值聯繫起來解釋，確立普遍能夠適用的價值論。有人甚至自己假設了一套價值等級體系，認為經濟價值是一種低級價值，最高級的價值是宗教價值，而科學的、藝術的、道德的價值是介乎其中間的價值。

3. 明治天皇親政，家族主義國家體制的推進

同時，他們也明白，國家不能只局限於政府少數人的專制，而必須激發起全體國民所具備的活力。當然，他們也看到了現代化帶來的混亂，然而，他們依舊堅信現代化是崇高的，即使他們對這種混亂也充滿了擔憂。

1889 年（明治二十二年），日本設立了國會，頒布了憲法，並且給予天皇巨大的許可權，這種許可權超出了立憲君主國家的慣例許可權。緊接著，於翌年 1890 年，明治天皇頒布詔書，公布了教育的基本原則，這一切都是依據上述想法而有步驟地進行的。

最終，日本在明治時期建立了國家的基本結構。這種結構以天皇為中心，同時允許強大的寡頭政治繼續存在。雖然與西方近代國家有所不同，但是它卻承認國民參與政治的概念，並且加強了家族、社團組織和生活感情等構成的國民大眾所贊同的傳統的社會支柱。

議和使李鴻章談判之圖

中日戰爭耗時僅 6 個月便宣告結束。被視為泱泱大國的中國竟然一敗塗地，不得不派出軍機大臣李鴻章向日本請求議和，與李鴻章相對而坐的是日本時任首相伊藤博文。這一事件使仍處於西方列強陰影中的日本陡然間信心大增。

旅順進軍之圖　小林清親

日本在遼東及朝鮮半島問題上與俄國素有磨擦，1902 年與英國建立聯盟之後，便更加放心大膽地著手擴張帝國的利益。1904 年，未按照慣例宣戰的日本艦隊在夜色的掩護上，用魚雷沉重打擊了俄國駐紮在旅順港口的艦隊。

　　這種結構大體上符合國民的心聲。國民所希望的並非是基於個人主義建立新的國家，而是希望能夠保存歷史中的家族主義。自從「教育敕語」[22] 公布之後，工作在第一線的教員表示了極大的歡欣和熱情。

　　而且明治時期的領導者們，以天皇為中心，從自己強烈的責任感出發保存了決定權，尤其關心如何來吸取國民的活力並且怎樣加以運用。

　　他們熱衷於培養人才。一些曾培育大量領導人物的大學，對一些剛入學的貧寒子弟從不過問其出身和財產情況，只在乎他的能力，這種平等制度在當時歐洲任何國家都看不到。而此時，出現了明治天皇這樣一位傑出的君主，對當時的日本而言，同樣是一件十分幸運的事情。

　　天皇和元老做出政治上的重要決定。天皇參與所有軍事方面的議事，熟知高級將領的能力和性格，因而，他能夠根據他們的性格和個性充分發揮他們的才能。

22　教育敕語：1890 年，日本天皇對國民的直接訓諭。

4. 憑藉天皇的英明領導，日本取得了日俄和日清戰爭的勝利

日本天皇對於一般國民來說，並不是高不可攀的。天皇經常關心國民的情況，常常用他的「和歌」[23] 強烈地感動了每個國民的心靈。

譬如日俄戰爭中天皇所作的「和歌」，就十分形象地表達了明治天皇當時的心情。「兒郎悉皆從軍去，惟留老翁守舊山？」

那時日本已經成為一個近代的法制國家，既保有足以吸納其國民活力的強大的國家組織，在日本政府中樞部門又培養了少數領導人物，這些人從明治初期以來一直共同工作，這些經歷使他們緊緊地團結在一起。

憑藉這些，在帝國主義時代，日本才能掙扎著擺脫它所處的惡劣環境。但不幸的是日本不得不發動日清戰爭和日俄戰爭。面臨兩場戰爭的明治天皇發揮了他卓越的領導才能，並且團結了與之相呼應的國民活力，因此日本才能夠出乎全世界的預測，在日清和日俄戰爭中取得了勝利。

但是，明治時期的國家體制，畢竟只是一種非常時局用來過渡的特殊體制，不能一直照搬延續下去。

這個體制之所以沒有產生弊端而充分發揮了它的機能，

23　和歌：是一種由 31 個字組成的日本詩歌

正是因為英明的天皇和有著共同思想基礎的元老們可以強有力地團結在一起，因此，明治天皇的駕崩對於日本實在是一件劃時代的大事。

日本著名的作家夏目漱石曾經這樣寫到：「那是一個炎熱的盛夏，我們的明治天皇駕崩了。那時我似乎覺得，明治的精神是跟隨天皇開始的，又隨天皇的離去而告終。」

由於明治天皇的駕崩，以冒險精神和團結國民活力為特徵的大業，也劃上了一個句號，此時，日本即將面臨一個艱苦的轉換期。

沉沒的俄國軍艦
被魚雷擊沉的俄國軍艦淒涼地沒在水中，旅順港不久即宣告全面失守。俄國救援艦隊在對馬海峽再次見識了日軍的勇敢和機敏，它們的慘敗使俄國徹底放棄了贏取這場戰爭的指望。

明治時期在日本的終了

1. 跟隨明治天皇的駕崩而來的道德混亂的時代

　　認真觀察一下就可清楚地發現，早在明治天皇駕崩之前，日俄戰爭之後，這個轉換期就已經開始了。日俄戰爭的勝利，大體完成了明治維新以來的一個堅定目標 —— 國家的獨立，隨後日本人變得若有所失，失去了國民的目標。

　　他們不僅沉醉於戰爭的勝利，而且爆發了對戰爭帶來的生活艱苦和混亂的強烈憤怒。

　　1909 年（明治四十二年），在中國的哈爾濱，伊藤博文被暗殺，伊藤博文的死訊大大地削弱了元老所掌握的統率力。

　　隨著現代化的飛速發展，在頒布憲法和教育敕語後還不到 20 年的時間內，個人主義思想和社會主義思想都得到飛快的成長，傳統道德終於和其產生了不能解決的矛盾。

　　就這樣，新的發展破壞了舊的生活方式。在明治中期，雖然人們感嘆著日本人的道德混亂，可是日本人許多優良的風尚還是存在的。然而，短短的 20 年中，日本舊的道德倫理開始迅速崩潰。

　　乃木大將為明治天皇殉死時，在自己的遺書中嚴厲譴責日俄戰爭後日本的道德混亂，直接反映出當時社會的這種矛

盾。夏目漱石也因為同樣的理由提出過批評，他認為，日本發展現代化是為了抵抗外來的壓力，反而因此失去了日本人的良心和誠實，隨之誕生了一個充滿虛偽和膚淺的社會。

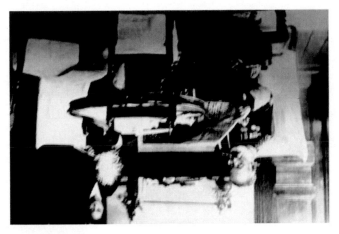

殉死的乃木希典及其妻子
乃木希典在日本被譽為「軍神」，在旅順戰役中曾採取野蠻殘酷的肉彈戰術，在培養貴族弟子的學習院任院長期間，一直向學員灌輸「君忘身，殉國忘家」的思想。

大正[24]中期，「米糧暴動」和關東大地震的災害似乎預示了日本舊的社會體系的崩潰。因為不能忍受米價的暴漲，民眾襲擊米店的暴動相繼在日本各個城市擴展。這次所謂的「米糧暴動」大大地打擊了地主，因為他們一直依靠排擠進口糧食，人為地維持高價米糧的保護政策，來維護自己的利益。

---

24 大正：1912 年至 1926 年

結果，北海道、朝鮮和臺灣也相繼採取了大量生產稻米以增加糧食的措施。可是這一措施對那些從事農業的日本內地人來說，意味著競爭的對手出現，因此內地的農業對這種新的轉變非常苦惱。

2. 關東大地震的災害，困難的轉換期對日本的影響

米糧暴動宣告了傳統農村社會的終結，隨後的關東大地震和緊接著發生的大火災摧毀了東京的大部分地區。

橫濱和東京近十萬人死亡，剛剛建成的淺草 12 層大廈，輕而易舉地被地震摧毀了，並且東京絕大部分建築物都受到了破壞。

失落　山本建三
明治天皇的殞落代表著一個時代精神的衰亡。失去了凝聚中心的日本民眾，立即陷入深深的失落之中。

夏目漱石及書簡
夏目漱石是日本近代文壇上聲譽最隆的名家之一，他的作品生動地記錄和批評了明治維新過程中的種種社會現象與思潮。

後來，美國向日本提供了 1 億 2500 百萬美元的借款，英國也援助了一些借款，依靠這些援助日本成功地完成了東京地區的重建，並改變了東京的面貌。

當時，日本第一高等學校的學生石田英一郎寫下了作文，對大地震做了形象的描繪：

月亮的死相

石田英一郎

當時，K 君和我正在「西川」餐館進行午餐，忽然間我覺得自己搖晃起來，預想這次地震震得不輕啊！在旁邊架子上擺著的啤酒瓶猛烈地一起下落，水沫似的碎玻璃向我的臉上飛來。我嚇壞了，慌忙跑到外面去，此刻的大地就像在巨浪裡搖動，電線杆就如被捲進波浪裡的桅

杆一樣，來回搖動，屋瓦嘩啦嘩啦地砸了下來，頓時眼前煙塵彌漫。我面前出現了一個慌忙奔出來的男人，撞在緊急煞車的電車的救生網上，四肢落地時痛苦地掙扎著。

接下來又開始了第二次震動。屋瓦和牆土就像大雨一樣嘩嘩地下落。我頓時感到腳下的土地馬上要裂開似的，心中驚恐到了極點。

似乎暫時平靜了下來。可是，這種平靜就像斷了氣的野獸那樣，心臟還在怦怦地跳動，我覺得自己仍然感覺得到大地的顫動。

這次地震來得太令人可怕了。在回家的途中，所有的街道中間都擠滿了人。他們戰戰兢兢地，害怕再來一次強震。我看到一個渾身血跡的老人被人從家裡抬了出來，慘不忍睹。

回到家中，發現鄰居們和家人都站在屋子前面的廣場上。四處騰起紅黑色的火柱，眨眼之間幾條煙柱就合在一起，山峰般的煙火彌漫了整個天空。

鄰居 M 先生也匆忙回來了。他帶來了神田地區全部被摧毀的消息。到處都在燃燒，多處火災的消息像雪片般地飛來。煙山時刻都在翻滾膨脹，在黑黑的煙山頂端剛露出雪白的雲峰，猛然間就又崩塌下去。

人們清晰地發現大半個東京市都被火海包圍著。他們互相詢問著：「還將會變成什麼樣子呢？」但是誰也無法回答。

一小時,二小時,時間就這樣艱難地過去了,小石川方面看起來好像較為安全。人們把席子、餐具和椅子等生活用具搬到了廣場上。許多人平時呆在家庭這個私人的小圈子中,有時候就算在路上遇見都很難打招呼,這時候彼此卻格外親密,互相安慰著。

夜幕來臨了。從東到南的火光映紅了天空。在這裡沒有自來水,沒有電燈,沒有煤氣,更沒有電車。「最後會變成什麼樣呢?」此刻,這種情況下,人與人之間的交往令人感到依靠、親近和崇高。

卒不及防的天災
1923 年 9 月 1 日,震級高達 8.2 級的關東大城震,像一道迅捷的閃電,襲擊了包括東京、橫濱兩大城市在內的整個關東地區,造成了可怕的破壞。

相擁取暖的吉原藝妓

地震震塌了東京、橫濱地區絕大多數的建築，幾百萬人無家可歸，政府不得不宣布臨時執行特別的軍事法，以遏制迅速成長的騷亂和恐慌。沒有地方棲身的藝妓們不得不靠彼此的體溫抵抗颯颯的秋風。

> 夜深了。月亮，月亮啊，真是可怕的月色！既不屬於黃色，也不屬於白色，反而像臉上滲著血污的那種色調。
>
> 月亮呈現出一種死相，這實在令人覺得可怕！
>
> 漸漸地，夜越來越深了。人們已經精疲力盡了，話語也少了許多，但心裡依舊在想：「最後究竟會變成什麼樣呢？」
>
> （日本第一高等學校漢文科編《大地震之日》
>
> 1923 年六合館出版）

日本遇到困難的時期正是日本社會發生轉換的時刻，此時，世界政治也十分動亂。明治時期即將結束的 1911 年（明治四十四年），中國爆發了著名的辛亥革命，清王朝垮臺了。

這是中國民主革命的開端，中國擁有著寬廣的土地，自清政府倒臺之後到成立民族主義的中央政府，還需要很長的

時間，這也就是說，辛亥革命之後，中國出現了很長的混亂
時期。

痛苦的轉換期

1. 第一次世界大戰爆發，國際聯盟[25] 隨之創建

就在明治天皇駕崩之後的第二個夏天，歐洲爆發了世界
第一次大戰。一戰帶來了人類史無前例的巨大破壞，並終於
在 1918 年（大正七年）結束。戰爭給帶來的人員傷亡和物
質上的破壞為後世留下許多棘手的問題。

大戰中，戰爭沉重的負擔使普魯士、奧地利和俄國[26]的帝
國政權面臨崩潰，俄國最終還建立了新的共產主義政權。

依據共產主義思想，俄國以一種與眾不同的正義原則，
成為一個否認前統治正當性、具有進攻性的新型國家。蘇聯
的誕生給國際政治帶來了巨大的震撼。

因此，人們面臨著一個重大的問題，那就是採取什麼樣
的形式重建已經喪失的國際社會秩序。最後人們建立了國際
聯盟，採取一系列的措施，以避免再次發生帶來巨大破壞的
戰爭的可能。

25　國際聯盟：簡稱國聯，1919 年在日內瓦成立，並促成簽訂了《二十六條盟
　　約》，其中主要內容有「增進國際互助」、「保衛和平」、「仲裁國際糾紛」、
　　「防止戰禍」等。世界上多數的國家都參加了這一聯盟。

26　即德意志帝國，奧匈帝國和沙皇俄國。

　　而且，人們在 1921 年（大正十年）召開了華盛頓裁軍會議[27]，為了限制海軍力量，否定帝國主義，還將德國在第一次世界大戰前所占領的殖民地移交給國際聯盟託管。但是，這樣建立起來的新型國際秩序依舊屬於轉移期的嘗試。

爭鬥　科文撒爾·大衛
當日本遭遇現代化帶來的種種問題時，整個世界的混亂程度絲毫不亞於日本境內。列強軍力和野心的不斷膨脹，導致矛盾不斷升級，最終不得不訴諸於武力來解決。

27　華盛頓會議：也稱太平洋會議，1921 年 10 月於華盛頓召開。美國總統哈定所宣導，用來裁減軍備，為了解決太平洋、遠東問題而召開，到會國包括中、美、英、日、法、義、荷、比、葡等九國。主要內容有：（一）、英、美、日 3 國海軍主艦的噸數的比例為 5：5：3；（二）、《四國協約》規定，英、美、日、法 4 國相互尊重各國所屬的太平洋島嶼（三）、《九國公約》針對中國制訂，共九條，主要內容有「尊重中國的主權和領土之完整」、「維持各國在中國工商業機會均等」等。（四）、關於山東問題，討論第二年日本將青島交給中國，中國須贖回膠濟鐵路。

　　新秩序雖然在原則上否定了帝國主義，但是除了德國以外被占領的殖民地依然毫無改變地繼續存在著，而且實質上託管和殖民地並沒有明顯的區別。

　　美國和蘇聯並沒有加入國家聯盟。總體而言，國際聯盟的盟約看起來是一個具有濃厚理想主義色彩的檔案，可是當日本代表提出把人種平等的原則寫進盟約的意見最終卻沒有被通過，因此，不管怎麼說，實質上它仍給人一種非常不協調的印象。

列寧
在這個目光銳利的小個子男人的領導下，俄國建立了世界上第一個紅色政權，世界政治格局也因而發生了劇烈的轉變。

71

不用懷疑，國際政治與第一次世界大戰前相比，已經發生了很大變化，但是國際政治能否按照國際聯盟盟約行事，這一點的確是值得懷疑的。

2. 實行男子普選制度，民主化運動的蓬勃發展

當國內外形勢發生變化之際，也就是大正（1912 年～1926 年）到昭和（1926 年～）期間，日本歷史成了不斷嘗試與進退維谷的歷史。在國內，崇尚民主主義政治體制的運動得到了蓬勃發展。

帝國議會議事堂之圖
隨著民主運動的影響不斷擴大，日本的議會的地位升高，明治維新時期以天皇為中心的政治模式逐步得到改變。

一方面，1890 年（明治二十三年）日本設立的國會增強了力量。在日本，國會起初並沒有掌握實質的權力，然而隨著普及普通教育和國民關心政治程度的增強，日本已經不能再排除國民參與政治了。

　　明治政府的領導者們也明白，與其忽視議會，對立於議會，不如與議會合作更加適合。1900 年（明治三十三年），伊藤博文在日本組織了政黨。到了 1918 年（大正七年），日本多數黨領袖原敬 [28] 被任命為日本的首相。

　　另一方面，民主主義國家在第一次世界大戰中取得了勝利，3 個帝國最終崩潰，民主主義因此提高了威信，更加鼓舞了那些追求民主主義的人們。

　　1919 年，隨著納稅資格的降低，有選舉權的人也從 45 萬人猛然增加到 300 萬人，1925 年（大正十四年）又實行了男子的普選制度。

　　同時，那個時代的國際主義運動得到了蓬勃的發展。美國威爾遜總統 [29] 所宣導的理想，使日本人產生了共鳴，隨時代產生的國際聯盟和華盛頓會議，尤其後者將國際政治的大變化展現在國民面前。

　　日本按照華盛頓會議的決定，從西伯利亞沿海州 [30] 和山東

28　原敬（1856～1921）：日本盛岡人，曾任外務次官、駐朝鮮公使等職，辭官後又任職大阪每日新聞社社長，並參加「政友會」，歷任通商產業相、內務相、政友會總裁後，1918 年，因為米糧暴動，官僚內閣不能夠安撫民心，原敬首次組成政黨內閣。

29　威爾遜總統（1856～1924）：美國前總統，民主黨人，使美國參加第一次世界大戰，1919 年在巴黎和會上提出「海洋自由」、「民族自決」、「取消關稅」等所謂「14 點和平原則」，旨在重心劃分實力範圍，在會中支持日本，犧牲了中國利益。

30　沿海州：特指黑龍江、烏蘇里江以及日本海圍起來的地方。

撤兵，隨後主動採取了措施，削減了 4 個師的陸軍軍力。幣原外相推行的與同英、美取得協調並且不介入中國內戰為中心的「和平外交」受到國際人士很大的重視。

跳水練習
對民主和自由的嚮往，成為整個社會中不可阻擋的潮流。傳統的生活方式受到衝擊，甚至連女人們都能公開地進行游泳、交際舞等一類活動。

傳統的相撲手
面對新的改變，一部分人仍懷念日本文化中傳統的一面。此時的日本政府，在面臨
這一類矛盾時，多少顯得有些束手無措。

3. 國政領導能力降低，國際外交出現的新問題

　　上面所講的那些新嘗試很大地影響了整個社會氣氛。國
際主義和民主主義似乎向人們展現出一種新的政治體制，來
代替已經開始走向末路的明治維新時期的國家體制。

　　這些新的嘗試非常符合一些因為現代化而出現的新階層
（如醫師、大學教授、律師、作家和職員等）的要求。他們
厭惡家族主義的束縛，具有強烈的求知慾，崇尚個人主義，
排斥抑制慾望的儒教道德，然而，這些新的嘗試絕對不是根
深蒂固的，並且並不完全適合日本國內外的實際情況。

　　政黨的出現，無疑打破了政治家之間的統一。天皇和元老組成的最高領導階層慢慢地幾乎完全消失了。對於繼承他們的第二代領導者們，一些出身官僚，一些出身軍部，還有些出身經濟界，更有一些政黨出身的人，他們並不像第一代的領導人那樣，能透過共同的經驗和思想基礎統一論調。

　　這樣，政黨政治並不能真正地解決日本所面臨的種種問題，他們缺乏這樣的領導能力，現實中，日本的官僚制度反而在政治上扮演著主要的角色。

　　政黨政治有著自己的弊端，那就是在政黨政治還未成熟時容易產生腐敗。結果，那些強烈希望實行民主主義的日本人逐漸對現實的政治產生了抗拒情緒。

　　農村基本上還沒有被那些追求民主主義和國際主義的運動波及到。因此，農村的人民對城市出現的新事物懷有強烈的不滿，他們擔心日本人的優良傳統被丟棄。

　　和平外交也存在著嚴重的問題。國際協調的原則雖然被各國所承認，但卻沒有達到能夠完全改變各國行動的地步。

長信宮燈　漢代

歷史悠久的中國物產十分富饒，一旦擁有它的控制權，就意味著手中握住了開啟金庫之門的鑰匙。西方列強對此覬覦已久，自然不許日本借地利之便獨享其成，要處處限制，拖它的後腿。

　　貿易並非自由，國力的重要泉源是殖民地。而日本的弱點是國土狹小，資源貧乏，針對這一點，許多人深感憂慮。特別是中國和日本有著重大的利害關係，中國以長期內戰的形式來實現其民族主義革命，這種情況為日本外交帶來了嚴重的問題。

4. 日本對中國外交的控制引起各國的強烈不滿

當時幣原外相負責日本的外交工作，他採取了儘量避免
干涉中國內政，按照華盛頓會議所宣導的和平外交的原則，
注視其發展趨勢的方針。這看起來似乎是一種非常明智的
政策。

華盛頓會議以後，日本所進行的和平外交，其實是對華
盛頓會議以前的對華外交失敗的反省。

這是因為，對中國的 21 條要求一無所獲，卻只是引起
了以美國為首的列強的激烈反對，激發了中國強烈的反日情
緒。以後的和平外交就是對這種痛苦經驗的反省。

但是也有一些人認為，華盛頓會議以後，日本外交在美
國和英國的壓力下，不得不選擇退卻。

英國認為日俄戰爭以後，隨著日本的國力增強，它已經
逐漸轉變成為一個難以對付的國家，尤其在第一次世界大戰
中，日本提出了《對華二十一條》要求，赤裸裸地顯示出日
本期望統治中國的企圖。而且雖然有日英同盟的義務，日本
對德宣戰的時機和方法，卻未必會得到英國的認可。借機奪
取德國在青島和山東半島的勢力，這件事會讓其他國家認為
日本趁英國和其他列強在歐洲戰場上進行著生死存亡的拼搏
時，採取了一種趁火打劫的舉動。

伍德羅・威爾遜總統

1913 年上任的美國總統伍德羅・威爾遜是一位具有遠見卓識的政治家，他在德國即將戰敗之際，帶領美國加入一戰，並在戰後極力推動建立以美國為中心的新的世界秩序。

冬天的森林

資源匱乏的日本對土地肥美、資源豐富的滿洲懷有「特殊」的情感。

透過一戰，美國迅速充實了自己的實力，對日本的對華態度也出現不滿。美國利用華盛頓裁軍會議，以標榜對華機會均等，門戶開放的原則，開始實施牽制日本的措施。

在當時那個特定的時期，海軍裁軍盟約作為一種制動器和鎮靜劑，制約了當時日趨激烈的所謂全球性的建艦競賽熱潮，這的確是一個恰當而有效的措施，尤其關於中國的《九國公約》也的確限制了日本的行動。美國還說服英國解除了日英同盟，其意圖在於限制日本的行動。

5. 排日運動高漲，旋渦中的幣原外交陷入僵局

當第一次世界大戰開始時，日本當時也有人主張應該聯盟德國對抗英國，然而這樣的呼聲並不強烈。此外，還有一些人堅持，只能用《對華二十一條》那樣的形式占領中國，這些人大多屬於軍部。從華盛頓會議到廢除日英同盟這一系列措施被這些人理解為英美欲實施對日本的封鎖政策，並且將這些國家當作日本向大陸發展的妨礙者，當然，這種認識也是後來日本發展的一種必然趨勢。

即使當時沒有達到上述的地步，在日本還是廣泛並且根深蒂固地存在一種想法 —— 日本和中國有著特別的利害關係，尤其對於曾經和日本共同對戰俄國的滿洲。

然而，在中國以及滿洲，中國內戰帶來的混亂狀態和中國人民的排日運動，使居住在那裡的日本人感受到了壓迫。

中國方面在滿洲的地方軍閥採取了極端的高壓姿態對待日本人，對這種情況，日本政府並沒有實施保護日本人利益的措施，以致於最終日本人不得不撤離了滿洲。

對於像中國那樣正處於混沌狀態的國家，無法採取完全依法辦事的態度。居住在中國和滿洲地區的日本人認為，日本政府對維護國民利益這點上，遠遠沒有英國等國靈活。

在這個時代裡，各國的外交、中央政府的外交以及地方上的外交多多少少是有些不同的。中央政府宣稱按照國際聯盟盟約所代表的新的外交原則進行外交。但是現實中，各地方仍然希望使用實力保護自己的利益，尤其對於那些具體了解情況，卻又喜歡玩弄權術的人們來說，始終認為幣原外相堅持原則的作法實在無法令人滿意。從幣原外相的角度出發，他具有屬於職業外交官的責任感和信心，既沒有關注這些輿論，也從未做出充分的努力希望得到國民的理解。

雖然幣原外交在原則上是正確的，但是由於當時日本人沒有理解到中國的複雜性，以及很多日本人對中國和滿洲有著十分特殊的感情，因此相當多的日本人無法理解幣原的外交。

投身政治的女性
西方的女性解放浪潮也在日本產生了深刻的影響。自 1922 年日本女性贏得參加公
共會議的權利之後，她們也開始表達對日本腐敗政治的不滿。

嚴重的失策

1. 世界經濟危機的爆發，日本一意孤行地創建了「滿洲國」

　　1929 年（昭和四年），世界爆發了經濟危機，嚴重打
擊了日本的經濟，使日本處於一個困難的轉捩點。為此，日
本的出口急劇地減少，比如日本的絲綢，從 1925 年的 8 億
5,000 萬日元縮減到 3 億 4,200 萬日元。絲綢占據日本總出
口量的 35%，日本多數的農戶是依靠絲綢獲得收入，因此受
到了極其嚴重的打擊。

　　日本的領導者和國民，面臨這樣巨大的經濟危機，用自己的努力和勇氣做出改變。為了尋找到新的市場，他們走遍了南美、非洲、歐洲、澳洲等全球各地並且獲得了可喜的成果。

為生絲打包的日本女工
為生絲打包是一項簡單的工作，但是日本女性卻要承擔每天 12 至 16 個小時的工作強度。但是，當經濟衰退來臨時，就連這樣的工作機會也很難找到。

等待戰爭津貼

面臨困境的不僅只有日本民眾。1932 年的深夜，一群曾參加一戰的退伍老兵仍等候在美國國會大廈前的草坪上。他們迫於困窘的生活，不得不要求政府兌現曾許諾過的戰爭津貼，以幫助他們渡過眼前的危機。

東京的貧民窟
食不果腹的農民離鄉背井，希望能在大城市中找到新的工作，但在陌生的環境裡，
他們的生活依然悲慘，看不到任何希望。整個社會都如這些窮苦的人一樣，被沉重
的生活壓力壓迫得喘不過氣來，渴望看到一線改變的生機。

　　例如，1931 年到 1934 年之間，日本向包括古巴和墨西
哥在內的北美拉丁語系國家的出口量增加了 1,200%；向南
美等國的出口量增加了 500%；向印度的出口從以前的 1 億
1,000 萬日元增加到了 2 億 5,800 萬日元；對英國的出口量
增加了 2 倍；對紐西蘭的出口量增加了 4 倍。總體來說，在
1931 年至 1934 年期間，日本出口從 11 億 5,000 萬日元增加
到 21 億 7,500 萬日元，一共增加了 90%，這說明了日本是
一個充滿活力和幹勁的國家。

　　但是，有這樣一群人，打算以同樣的精力，採取另外一種形式解決這種危機。

　　這些人屬於軍部。他們於 1931 年（昭和六年）在中國滿洲擅自採取了軍事行動，以強制手段使日本走向建立「滿洲國」的道路。這些人的骨幹是少壯派將校和士兵們，而且多數來自農村。

　　他們發現日本人在俄日戰爭以後苦心建立的滿蒙政權即將破滅，從而非常不滿幣原外交，尤其當他們看到日本於 1929 年受到世界經濟危機的影響，農村日趨貧困的情況，便認為擺脫這一困境必須要不擇手段。

2. 三國同盟一無所獲，一意孤行的軍隊與美英開戰

　　日本這些軍人只是滿懷強烈的使命感，對世界的局勢卻毫不了解。當他們在滿洲開始他們的武裝行動時，世界各國雖然譴責了日本，但是卻沒有強制性阻止其行動，日本政府也沒有果斷地分析處理軍人們的武斷行為，這就開創了日本軍人肆意行動的先例，而大大削弱了對軍人們的約束力。

　　在國外，軍人們利用中國國內局勢的混亂和弱點，憑藉自己的武力由滿洲為基點向中國華北擴張自己的勢力範圍；在國內，軍人們透過武裝政變奪取了軍部的統治權。非常不幸的是，日本沒有任何政治家可以阻止日本軍人們的對外擴張和侵略。

　　造就這種局面的原因，一方面是因為政治家們雖然身處於負責的地位，卻缺乏果斷的精神，另一方面也說明了日本明治時期政治體制的缺點。

　　明治憲法中有這樣的規定：天皇直接統帥軍隊，首相沒有直接統轄軍隊的權利。因此，如果天皇和元老們不能實際領導軍隊，軍隊就不受任何人的統轄。隨著明治天皇的駕崩，元老們的亡故，以及他們隨著年紀成長而失去了原有的領導能力等等都變成了當前日本國內政治的弊端。而在那個特定的 30 年代，政治局勢變化萬千，極其複雜，日本人只有將眼光放在世界中才能理解局勢的動盪。

飄揚的太陽旗
1937 年 1 月 19 日，日本海軍士兵在太陽旗旗手的引導下，自豪地列隊行進，慶祝日本終止了限制發展海軍的《華盛頓和約》。一個帝國的擴張夢想就此開始。

三國同盟

德國、義大利和日本的國旗飄揚在東京的銀座大街上。為了擺脫英美的牽制，滿足在亞洲稱霸的野心，日本毅然決然地選擇了新的同盟者。

轟炸珍珠港

日本又一次故計重施，偷襲了美國駐紮在太平洋珍珠港的艦隊。1941 年 12 月 7 日早上 8 時，島上的美軍士兵從夢中驚醒，隆隆的爆炸聲在無言地向他們宣布：戰爭開始了！

　　領導日本軍權政治的人們只把眼光局限於亞洲，就無法
正確理解美國的想法和歐洲的政治走向。軍人們認為，只要
締結了三國同盟，就會改善日本對於美國的立場，就可以使
美國在日本和中國的問題上妥協，其實這都是錯誤的想法。
在日本，有不少人甚至包括天皇都希望能夠阻止戰爭的爆
發。然而，1941 年 12 月日本還是毅然發動了與美、英的戰
爭。這是一場悲劇，是由那個錯綜複雜的時代產生的。

第三章
戰後暫時的困難和努力後的成果

日本人對明天充滿信心

1. 主要城市在轟炸中化為廢墟，日本一片戰敗景象

　　疲憊不堪的日本於 1945 年 8 月 15 日，終於宣告停戰。這次戰爭是日本歷史上最大的失策，並且給日本本土和國民帶來巨大的損害，使戰前累積的大量財富喪失殆盡。

令人驚悚的蘑菇雲
美國在廣島、長崎丟下了兩顆原子彈，在瞬間奪去了成千上萬條生命，這種桔紅色的巨大火球的可怕威力徹底擊潰了日本人的戰鬥意志。

倖存者

爆炸過後的 45 分鐘，一些倖存者步履蹣跚地走過廣島的新莊橋，原子彈釋放的巨
大熱量燒焦了他們的衣服，手臂也因嚴重灼傷而難以移動。即使在今天看來，廣島
倖存者所留下的畫面依然有著極其恐怖的震撼效果。

　　在這次戰爭中，日本失去了 68 萬平方公里的領土，將近
戰前領土的一半，而在戰爭中死去的人在 200 萬人以上，其
中戰死者有 1,555,308 人，空襲中死去的人有 668,000 人。

　　除了京都和奈良，日本所有城市多多少少都在空襲中遭
到破壞，其中，完全遭到破壞的建築物就有 2,500,000 處。
住房被毀壞 200 萬戶，僅東京就有 709,906 戶住房遭到了損
害，大阪 328,237 戶、神戶 131,528 戶、名古屋 136,556 戶
房屋也有不同程度的損害。街頭堆滿 200 萬噸廢渣土。

首都東京是日本境內最大的城市，1940 年的時候，東京的人口達到 670 萬，但是隨著戰爭的爆發和結束，到 1945 年，東京只有 280 萬人。戰後東京的大多數人沒有令人滿意的住房，只是住在臨時搭起的小屋裡避風防寒。高層建築在戰爭中被炸毀，片瓦無存，站在首相官邸的高崗上，就能夠看見東京灣。

此時，日本的經濟處於完全崩潰的狀態。戰爭期間，人們完全不考慮影響和後果，為了提高生產，磨損了機器，破壞了煤礦和森林資源。

日本交通在猛烈的轟炸中也被破壞殆盡。為了躲避轟炸，勞動力被分散，不能夠充分發揮其機能。日本的商船隊完全消失了，就算能夠從國外買到原料，也沒有運輸條件。就是在這樣重重的惡劣條件下，日本的工業生產能力大幅度下降。

1946 年（昭和二十一年），日本的工業只相當於 1941 年戰爭開始時期的 1/7，其中，從 1945 年底到 1946 年，最糟糕的月分，日本煤礦的產量只是戰前 1/8，生鐵只是戰前的 1/10。

重新上路　濱谷浩　1942 年
戰爭惡果像一張無邊無際的黑幕，籠罩在戰敗的日本國民頭上。儘管條件極其艱苦，生活卻仍要繼續下去，尤其可怕的是，未來似乎看不到一絲希望的光芒。

2. 混亂時期，日本人不得不與缺糧和通貨膨脹奮鬥的經濟景象

　　最嚴重的問題是日本人不得不面臨糧食的缺乏。日本本來就不能生產國民所必需的糧食，一直依靠大批進口來滿足國人需求，而戰爭期間斷絕了國外貿易，便成為一個十分嚴重的問題。

　　戰爭剛結束的兩、三年中，據統計，國民的恩格爾係數[31]超過了 60%，可是國民所得到的熱量從未超過 2,000 大卡。政府按照法定牌價配售糧食給國民，人們為了彌補這種形式下糧食的不足，經常出入黑市，為了購買白薯而不得不乘坐擁擠的火車。對日本當時情況熟悉的人，想起這種經歷仍然恍如昨天。

　　戰敗給日本人精神上也帶來了沉重的打擊。很多日本人一直深信日本是不可被戰勝的，對於日本戰爭的目的，也一直堅信那是準確無誤的，因而為了支援戰爭付出了慘痛代價。

經歷一段物資奇缺的日子
在戰後最初的一段日子，糧食、木材、煤、生鐵……任何物資都顯得無比缺乏。許多人患上了嚴重的營養不良，用廢墟中燒焦的木材搭蓋棲身之所的事情也屢見不鮮。

31　恩格爾係數：恩格爾是德國著名的統計學家，以他的名字命名的係數表示人們伙食費在生活費中的比例，比例越大便是越貧窮，比例小則代表了富裕。

依舊保持著勤勞作風的村民
村民們在荒野中尋找木柴，裝進桶狀容器，再送到小鎮上去賣，以緩解極為緊張的燃料需求。

　　他們對日本的戰敗簡直無法接受，認為這毫無道理，繼而在思想上產生了重大動搖。這意味著日本一切權威的動搖和喪失。

　　再加上日本當時出現的黑市與通貨膨脹，戰後的混亂狀態完全破壞了日本人的道德觀，為了維持生活，日本人不得不進行黑市這種微不足道的非法活動，也做不到按照秩序排隊乘坐火車和電車了。

　　然而，那個最困難的時期，也是最能展現日本人高尚

品德的時候。如果人們認真觀察一下在戰爭剛剛結束後所謂「養無食，居無屋」的日本，你就會發現日本人就算是在那樣一個艱難的時代依然保持著自身的優良特質，從這一點就可以想到，不久後的日本一定可以從戰後的廢墟中重新屹立。

經歷了十幾年的持續戰爭和戰敗的慘痛，日本人並沒有從本質上發生變化，依然保存著彬彬有禮和誠懇親切的風尚。日本國民依然質樸勤勞，就算是在那個忍饑挨餓和通貨膨脹的時代，依靠欺騙生存的日本人的數量仍然少之又少，雖有苦惱和怨言，但是都能夠認真工作。

投降的歷史時刻
歷史最終給予了日本一個判決，1945 年 9 月 2 日在美軍的密蘇里號上，梅津美治郎將軍代表日本在投降書上簽字。當盟軍示意他坐下時，梅津不肯就坐，快速地劃下了自己的簽名。

美軍檢查日本東京灣防禦體系
美軍在日本本土登陸後，立即到日本戰略要地 —— 東京灣巡查該處的防禦體系，而
眼前的大炮也一如當地的守軍，擺出順從的低姿態。

3. 承認戰敗，努力走向復興的日本人

日本人是屬於樂天派的人群。戰敗的確沉重打擊了他
們，但是，日本人並沒有失去自我生存的意義，反而從重新
建設「文化國家」、復興經濟、重新修復自己的生活等各項
事業中找到了自己的信心。

對於那種認為無論如何努力也無濟於事的悲觀主義思
想，日本人毫不被迷惑，這是因為日本民族是一個受過高等
教育的民族，是一個有才能的民族，從日本實現工業化來
看，這是一項巨大的財富，這種素養在日本復興的過程中逐
漸顯示出來。

首先，日本人坦然而直率地承認自己的戰敗。

承認戰敗最好的證據就是：滿懷抗戰到底的心情的本土軍隊以及遍布亞洲各地的百萬駐軍，全部快速地解散了。

鯉魚的堅忍　葛飾北齋　1831 年
在日本，鯉魚是勇氣與力量的象徵。戰敗時期的領導者以鯉魚為喻，以莫大的勇氣和氣度，要求各級官員和全體國民正視自己的失敗。

英國記者郝塞爾·泰爾特曼曾經對這一情況做過這樣的報導：

1946 年，在大沽碼頭，我看到日本帝國軍隊為了搭乘遣送他們回日本的美軍 LST 運輸船，乘坐著無蓋貨車滿載到達碼頭。士兵們一下車，軍官們就開始點名，並且高聲下達命令。緊接著，士兵們背著隨身攜帶的東西，非常有秩序地列隊走向了運輸船。

後來，我在上海、新加坡和其他亞洲各地看到同樣的日軍官兵被遣返的情景，在新加坡我曾和幾百名日本官兵乘坐同一艘船返回日本。

這次返日的途中，軍官指揮全體士兵在甲板上度過了一定的時間。無論從何地返日的官兵，他們的紀律和健康

狀態完全和作戰時一樣，作為戰敗投降士兵的唯一差別是身後跟隨著武裝護送兵。

另外，美國為了深入敵國領土，對日本制定了嚴厲苛刻的占領計畫，隨後駐軍日本，但是並沒有出現令人擔憂的騷亂，這也是由於日本人承認戰敗的原因。日本人顯示了服從權威者的傳統性格，這一點在當時也發揮了一定作用。

當然，美軍官兵進駐日本後紀律嚴明，態度也十分友好，給日本人留下了強烈的印象。例如，走在日本狹窄的街道上，當日本人和美國士兵碰撞時，美國士兵脫口而出的「對不起」令不少日本人感到格外吃驚。然而，假如日本沒有承認戰敗的坦率態度，情況也許就會完全相反。當我被任命為外務大臣時，戰爭剛剛結束了一個月，我會見了鈴木貫太郎，他在停戰的時候擔任總理大臣。

鈴木先生對我說：「對於戰爭，無論勝敗，都要有所謂屬於自己的風度。鯉魚被放置在案板上，刀刃挨著身子依然不會退縮，以這樣的精神才能端正戰敗的態度。」

鈴木先生這番對於勝敗的話語後來成為指導我與占領軍談判的原則，我想，這大概就是日本人最普遍的想法。

每當占領軍有認識上的錯誤或者是不符合日本國情的主張時，我總是清晰地提出我方的觀點。就算這樣，如果問題仍然按照占領軍的要求作出決定時，我的態度就是遵守這個決定，等待能夠說服和糾正對方錯誤和過失的機會到來。

　　總之，我的主張就是該說的一定要說，說了以後就乾脆
照辦的態度。

4. 天皇的人格宣言 [32]，舉國一致努力開始建立體制

　　具有以上想法的日本人，應該都是用同樣的態度在日本
各地同美軍交往的。

　　但是，任何時代和國家都有趨炎附勢、令人厭惡的人。
譬如，一些人企圖能夠得到某種利益，向盟軍總部搖尾乞憐
的人，一些人盲目地崇拜占領軍，將占領軍所說的話都尊為
聖旨，還有一些日本人利用占領軍整肅日本公職人員這樣的
機會，整治那些和自己作對的人，以便擴充自己的實力。但
是從整體上說，日本人是以一種光明磊落的態度來對待占領
軍的。

32　人格宣言：當第二次世界大戰結束以後，日本國內外響起了要求天皇退位或廢
　　除天皇的呼籲，而美國卻保存了天皇制，是希望利用天皇來統治日本。1946 年
　　（昭和二十一年），日本天皇頒布詔書，宣稱天皇不是神。這一宣稱使天皇失
　　去了絕對君主制神權的特性。因此被稱為天皇的人格宣言。

裕仁天皇與麥克阿瑟將軍的會面
裕仁天皇竭力打消了日本軍部頑抗到底的打算，並親自訪問了盟軍統帥麥克阿瑟將軍，準備接受一切即將到來的處置。

走下神壇

在麥克阿瑟的主持下，1947 年日本推出「和平憲法」。新憲法不再強調「日本帝國由萬世一系的天皇統治」，而是規定「天皇是國家人民統一的象徵」。裕仁天皇不再有日照大神子孫的神聖光環，但其溫和有禮、學術精深的形象仍然得到國民的深切愛戴。

　　日本人採取坦率的態度，沒有否認自己戰敗這一嚴峻現實，就算心裡有怨言，但是都還是認真努力地進行工作。因此，儘管條件十分惡劣，但是日本依然能夠保持良好的社會秩序，犯罪行為也比較少，出現的腐敗和

混亂現象只局限於一小部分人中間。

　　日本之所以能夠把戰敗後的混亂現象限制在極小的範圍之內，天皇所發揮的作用是不容置疑的。

　　在戰爭的最後階段，天皇堅持求和的最後決心，克制了主張抗戰到底的軍部力量。

　　隨後，天皇打破傳統親自拿起麥克風，面向全國國民廣播了日本戰敗投降的決定，並且號召全國人民同心協力，一同為日本的復興和未來而努力奮鬥。

　　因為這樣的心情，日本天皇在美軍進駐日本不久就拜訪了占領軍統帥麥克阿瑟將軍。據麥克阿瑟的回憶，那天，天皇曾對他說：「當國民進行戰爭的時候，我作為日本的天皇，對日本在政治和軍事山所作的一切的決定和行動擔負完全的責任。我就是以這樣的身分，為了聽取貴方所代表的各個國家對我自己所採取的制裁而來的。」麥克阿瑟被天皇的這番話深深感動，於是他寫道：

> 「天皇決定承擔責任，即使這種責任有被處死的可能，這使我深受感動。根據種種的事實，這樣的責任實在是不應該由天皇來承擔的。這種充滿勇氣的態度令人感動。在那一瞬間，我深深地懂得，此刻，坐在我面前的天皇，從個人的角度來說，是日本最高尚無私的紳士……占領的成功，和天皇的真誠協助和影響力是分不開的。」
> ── 摘錄《麥克阿瑟回憶錄》

　　另外，為了接近國民，天皇巡視了日本國內各地，鼓勵自己的國民為了重建生活要努力工作。天皇視察日本各地時，總是舉起灰帽來回答國民的歡呼。那種不以英雄自居、溫文爾雅的態度一改已往皇室的形象，同時，在國民中間產生了一種對於皇室和他所象徵的日本的親切的愛慕之情。

　　戰敗時，日本元首也就是當今天皇，他的性格和日俄與日清戰爭的勝利者 —— 明治天皇完全不同。

　　明治時期，明治天皇是日本政治的中心，熱衷於政治和軍事。當今的天皇成長的基礎是統而不治的立憲君主制，而且他愛好生物學，性情上溫和恬靜。

　　當立憲君主制的嘗試在日本失敗後，日本爆發了戰爭。這場戰爭使日本走進一種悲慘的境地，當今的天皇為了支撐當時的日本 —— 一個因為戰敗馬上面臨崩潰的日本，才發揮了自己的權威。

疲於奔命只為每日的溫飽

1. 無法想像的饑饉狀態

　　在戰後的一、二年裡，日本出現無法估測未來的混亂狀態，其中最顯著的是從戰爭末期就開始惡化的糧食問題。

　　1945 年，因為發放海陸軍的儲藏物資，政府才稍微擺脫了糧食危機。可是 1945 年的糧食嚴重歉收，就可以預測到在 1946 年收穫以前日本可能出現嚴重的危機。

　　那時候，日本到處流傳著一個可怕的預言：日本將要有 1,000 萬人餓死。後來，農林省進行計算，日本必須進口 450 萬噸的糧食，否則就真的有餓死人的危險。當時的具體情況是，1946 年（昭和二十一年）5 月，連本來就不充分的定量

糧食供應也難以維持，甚至全國都出現了不能及時供應糧食或者沒有糧食的現象。

神奈川衝浪　葛飾北齋　約 1830 年至 1831 年
內閣面臨內憂外患的窘境，正如一艘正在接受海浪衝擊的船隻，隨時都要為掌控平衡、方向努力拼搏。一個人必然要有莫大的決心和鎮定，才有勇氣應付如此艱苦險惡的局勢。

　　日本當時有一些過激的破壞分子，他們利用糧食情況的混亂，在街上舉行暴力的示威遊行。這也是我當時就任日本首相時所面臨的局勢。

　　日本內閣努力地想擺脫這樣的危機，採取了一系列確保供應的措施，依據農林省的數字，向占領軍提出了進口稻米的請求。

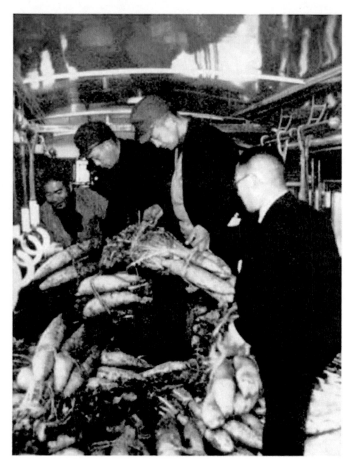

分發供應品

食物極度短缺，政府無法供給足夠的稻米，連蘿蔔也成為供不應求的搶手貨。

2. 召開糧食對策審議會，苦惱於必須確保 100 萬噸的稻米

七至八月分，日本的糧食危機最為嚴重，只好將英國和澳洲駐日軍隊的 50 餘萬噸稻米發放給民眾，9 月以後，日本又不停地發放了進口的糧食，並且將當年收穫的新米和白薯也供應給人們，這才勉強地度過了困難的時期。

對於當時日本糧食混亂的情況，東田精一[33] 曾這樣記載：

1945 年，稻米在秋天的產量，公布下來只有 3900 萬石，僅是平時收成的 60% 強。這年的氣候極其寒冷，缺乏肥料、勞動力嚴重不足等一切不利的條件紛紛而來。尤其戰敗後，日本原有的國家秩序處於崩潰邊緣。政府已經無法向過去那樣掌握稻米的產量，徵購稻米的能力也降低了。面對這樣的情況，對於日本人來說最重要的問題是如何能保證生存。吉田先生就是在如此困難的時期建立了內閣。

1946 年 5 月的一個下午，我的老朋友前農林大臣石黑忠篤突然帶著醫師武見太郎求見 —— 後來知道這個醫師是吉田先生的親戚，並來到了我的教研室。據他說，他們是受吉田先生之托而來的。他告訴我吉田先生明天要接受組閣的「欽命」，希望我能出任農林大臣。事情完全出乎我的意外，又十分急迫，對於我來說，這將是對我過去半生的一個改變。因此我告訴他們考慮一晚再作答覆。

33　東田精一：日本東京大學的教授，戰後聲譽極高的農學博士。

當晚，吉田又通知我，希望在銀座武見博士新開的診療
所裡看見我。當我到達了那裡，熱情而誠懇的吉田先生
對我說：「從明天開始，我要組織內閣。對於新內閣來
說，有制定憲法和解決糧食問題這兩項緊迫的任務。這
是馬上就要開始的工作，特別是糧食問題，必須要想方
設法維持到今年秋收期，才能說是告一段落，特別希望
你能以一種犧牲精神在這個時期內出任農林大臣。」

以前幣原內閣的時候，農林省內曾設立了糧食對策審議
會，那個時候，我是該會的主席。當審議會的報告馬上
就要完成，就連《總理大臣告全體國民書》的初稿也快
要寫完的時候，幣原內閣辭職了，因此這兩個檔都無緣
問世。吉田先生的使者石黑先生以及吉田先生本人，都
是因為我曾經擔任過主席才希望我能夠參加內閣的。

其實對於我來說，這時面臨一個十分嚴峻的問題。關於
那時審議會上報告的內容已經完全記不得了，只是頭腦
中有一個模糊的數字，這個數字有這樣的來歷：1946 年
中，日本無論怎樣努力使農民交付糧食，並實行有計劃
的延期供應，還是缺少 100 餘萬噸的稻米。100 萬噸的
稻米！這是勉強能夠維持供應定量，保證國民口糧的
最低保障，可是在那個時代，也是最高的數字。怎樣來
籌集 100 萬噸的稻米，是政府與饑餓奮鬥必須克服的目
標。使農民多交納糧食、收繳隱匿的稻米、要求盟軍總
部輸入糧食等等一系列的措施都是解決之道，但是因為
實力有限，前途依然不容樂觀。

雖然我曾經以「主席」的身分向「別人」獻策，但是我
自己也沒有把握這計策是否有效，我沒有這樣的自信，
竟然苦惱得一夜不能入睡。第二天早晨，石黑先生、我
以及監禁 3 年後再度出任農政局長的和田博雄，大家一
起商量了這個問題，卻沒有得到任何有效的結論。和田
鼓勵我說：「如果你需要的話，我可以隨時出任農林省的
次官，和你一起奮鬥工作。」我非常感激和田的好意，
但是無法接受。

晚上，按照約好的時間，我拜訪了住在外相官邸的吉田
先生，謝絕了他邀請我出任農林相的邀請，並說明了自
己的理由。由於吉田先生總理大臣的身分，很多的新聞
記者包圍了外相官邸。去的時候我是偷偷地從後門進去
的，出來的時候，認為組閣的事情與我毫不相干，自己
也如釋重負，輕輕鬆松地從正門走了出來。由於當時沒
有傳出內閣人員入選的消息，因此新聞記者只是問我是
否在介紹糧食的情況。

利用每一塊土地
為了多收一些糧食，農民在陡峭的山坡上努力開闢出小塊的梯田，在其中種植水
稻。梯田與梯田之間，只有用梯子才能上下。

根本不耐用的粗布

不能從印度、巴西及美國進口羊毛，戰後日本人的衣服都是由用一點點棉花，再加入樹皮和木漿紡成的粗布「sufu」製成的，而在今日的日本，這種粗布已經鮮有機會看到了。

麥克阿瑟

麥克阿瑟與吉田茂的私交甚篤,他特別欣賞吉田特有的那種不加粉飾的幽默。當吉田以無法完成組閣相威脅時,麥克阿瑟很快做出了「不讓一個日本人餓死」的保證。

第二天的報紙讓我大吃一驚，新的吉田內閣還是把我列入了內閣成員候補名單當中。如果此事一旦被世人知曉，我的家人將難以應付這樣的局面。更讓我吃驚的是吉田總理和其他的有關人員突然光臨。吉田先生對我誠懇地說：「我希望你再好好地想一想......。」

懷著感激的心情，我又重新考慮此事。社會上出來很多謠傳，認為我因為不贊成吉田內閣的性質，所以拒絕參加內閣。其實我本人並沒有重視性質這個問題，對我而言，如何籌措不足的 100 萬噸稻米這才是問題的重點。我清楚，籌措時以最初的方案來增加國內的交售量，和內閣的性質有著一定的關聯。因此我有這樣奇怪的想法：如果內閣中也同時吸納進來大內兵衛，徵購工作也許可以勉強貫徹下去，不過這並非是絕對的。我也聽說吉田先生去拜訪了大內先生，對於請他參加內閣的事情沒有獲得成功。

這期間，很多人都勸說我參加內閣，我非常感激大家的厚意和熱情，但是用稻米送禮給我的卻只有一人。吉田總理畢竟是與眾不同，將喜訊帶給了我。這段日子他與美國的麥帥進行交涉，結果是使日本獲得了進口若干糧食的保證，也就是說美國政府允許本年度向日本輸出大約 60 萬噸的糧食，這真讓我感到了安慰。

這個時期，我被吉田先生的熱情深深地感動了，我也十分欽佩他那頑強的精神以及問題一旦決定便寸步不讓的固執作風。最後一天，為了消除數日來的疲勞，我應弟

弟的約定一起前往他在田園租賃的房屋去休養。在路上我告訴他:「為了這樣一點事情把自己的身體弄得如此疲勞,從這點來說我真不是一個可以肩負國務的人才。平沼內閣為締結三國同盟條約,開了100多次的會議,最後還是沒有做出決定,只是講完一句妙語便辭職了,這種頑強的精神是很可貴的。」我一邊講話一邊走進他的房門時,卻看到了已經在這裡等待我的吉田先生和石黑先生等人。

在房東的客廳和內客廳中,我們探討了5個多小時。我個人只能對這件事情感到非常的抱歉,當然吉田老人的熱情和精神使我無法無動於衷。他甚至告訴我:「麥克阿瑟元帥承諾不讓一個日本人餓死!」連我這個本來對稻米問題已經沒有信心的人都產生了動搖,甚至萌發了想參加內閣的念頭。但是經過深思熟慮,對吉田先生我還是感到很抱歉。後來,吉田先生也很掃興,直到傍晚他們才告辭,我在門口一邊給吉田先生穿大衣,一邊情不自禁地說到:「實在感到很抱歉!」對於石黑先生,我心裡也有深深的內疚。

　　(東田精一:《第一次吉田內閣時期的糧食問題》,
　　　《十年回憶》第2卷219頁至222頁,新潮社)

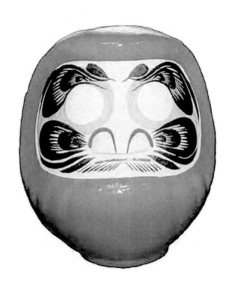

福達摩

在日本，這種紅色的、圓圓的達摩像被視為「通往神靈的信件」，許願時給它畫上右眼，願望達成時再畫上左眼。為了祈求饑荒快些過去，一些日本人就在寺廟中求來達摩對其許願。

3. 通貨膨脹使物價和薪資開始惡性循壞

農林省進行計算後認為需要進口 450 萬噸稻米，這數字似乎有些龐大，實際上只要 70 萬噸糧食就可以解決問題了。

因為這一點，美國的麥克阿瑟元帥曾經指責日本的統計數字是隨意編造的。當時我說：「如果日本的統計數字完備的話，就不會發生那樣輕率的戰爭，而且即使爆發了戰爭，也不見得會失敗。」說罷一笑。但是，日本之所以會有這樣不實際的統計數字，源於一種心情，一種農林省官員總是想

方設法想度過危機的心情。當然，這種過大的估計還因為一種習慣，自戰爭開始以後養成的習慣，日本政府總是有意或者無意地公布對自己有利的數字。

在日本，當時另一個困難是一方面要抑制通貨膨脹，一方面要恢復糧食和煤炭等重要的必需物資的生產。造成通貨膨脹的原因是由於戰爭的需要而發行了大量的紙幣，生產又急劇衰敗，如何收拾規整這樣的殘破局面成為當時極其困難的事情。

此外，占領軍中有一些新政派[34]人物，他們都是統治經濟的信徒，認為能夠利用計畫得到成功。於是他們就是抱有這樣的一種熱情，幾乎對日本的每件事情都想進行幕後控制，同他們商量磋商的石橋大藏大臣以下的負責人都是費盡了苦心。

結果，日本出現了一種所謂極度理想的政策：為了使薪資標準與物價相協調，制定了新的物價體系，這樣就平衡和穩定了經濟。然而，因為黑市的出現，打破了物價標準，人們又爆發了為了要求薪資標準趕上物價的罷工，就這樣，日本開始了物價與薪資的惡性循環。

34　新政派：美國總統羅斯福在 1933 年實行的新政策，也是加強資本主義，克服經濟危機，鞏固資本主義的派別。

4. 無人決定有效的政策，艱辛地為了每日的溫飽問題而奔波

在日本，從 1946 年到 1947 年的春天，稻米、薪資、煤炭、罷工、追加預算、黑市物價等許多因素的影響，讓人感到無可奈何。

1945 年底到 1946 年夏天，日本的銀行券發行額持續增加，從 1946 年 9 月發行額為 644 億日元到了 12 月的 933 億日元，到 1947 年底又增加到 2191 億日元。

說實在話，我自己也必須承認心裡多少有一些擔憂。那些內閣的成員擔任著經濟和勞動方面的工作，每天處理連續發生的問題，為此備嘗辛苦，疲於奔命。

如果從實際情況出發，日本當時的情況很糟糕，缺吃少穿，而那種利用人為的方式規定物價標準來保持經濟穩定的辦法實在是不適合日本當時的社會情況。

木屐重又流行
所有的橡膠和皮料都變成了軍用的輪胎和皮靴，本土資源有限又面臨進口封鎖的日本人只好重又穿起這種硬硬的、笨重的木屐。

　　接下來，我們是否嘗試了其他的好方法呢？因為當時缺乏經濟實力，而且對於當時的日本政府，權力非常薄弱，所以最終結果只能是順其自然而已。

　　然而，我的想法是在當時的日本，工人的罷工運動異常猛烈，必須要創造一個可以使工人們能夠認真工作的經濟環境，才能夠穩定當時的情況，否則，日本就會採納共產黨等過激分子的策略，並因此陷於無可挽回的混亂狀況。

　　一場由野心家發動的莫名其妙的戰爭，其結果就是使成千上萬的人走上了通往墳墓之路。早在戰前，一些有識之士就曾聲明戰爭將會拖垮日本的經濟，然而現實最終告訴人們它的可怕遠遠甚於預測的驚人。

戰後老兵

一些在戰爭中受傷的老兵，由於失去了勞動能力，不得不在街頭流浪，以乞討為生，但日本政府對此卻全然無能為力。

日本當時的政府所面臨最重要的問題是：應該採取什麼樣的措施來保證國民生活的暫時穩定。對於當時我做了哪些事情，回想起來，記憶中實在沒有什麼特別的印象。因為當時的情況無法讓人談論百年大計，眼前的事情已讓人窮於應付，採取任何一種對策都是十分困難的。

不管政府還是國民，為了每天的生活，不得不努力地掙扎和奮鬥。

注視

美軍並未干涉這位仍在守衛通向橫濱的道路的日本士兵，只是遠遠地注視著。進駐日本本土以後，美軍友好的態度令日本人頗為驚詫。

改革者逐漸被日本人所理解

1. 占領軍在日本國土上連續推行非軍事化和民主化

　　日本人不僅要關心每天的生活，還要努力思考日本今後的發展。占領軍們開始指示日本政府必須要進行一種徹底的改革，這樣的變化不知道是福是禍。

　　在第二次世界大戰後駐軍日本的占領軍，在歷史上也是罕見的占領軍。美軍不僅占據著勝利者的地位，而且還以改革者的身分推進日本的「非軍事化」改革。

　　美國將二戰爆發的原因歸結為日本和德國的軍國主義，因此他們認為，只有對日本進行改革，瓦解日本軍國主義存在的社會結構，削弱日本的軍事能力，才能構建世界和平。抱著這樣的目的，他們在進駐日本之前就制定了詳細的措施，當軍隊進駐日本後，就開始按照計畫在日本推行非軍事化和民主化。

　　美國的占領軍在 1945 年 8 月末駐軍日本後，就開始實施了以下的措施：在非軍事化方面，首先在 9 月 11 日逮捕了東條英機等數名主要戰犯，接下來解除了日本軍隊的武裝，廢除了日本的軍事機構，一些國家主義的團體也被解散（1946年 1 月）；在民主化方面，進一步整肅了一些不受歡迎的公職人員，思想員警和政治員警也被廢除了（1945 年 10 月），賦予婦女參政權（1945 年 12 月），組織工會（1945 年 12月）等等。

星條旗的到來　法蘭克・羅伯特 1955 年
以麥克阿瑟為首的美國軍隊入駐了日本，同時也帶來美國特色的政治形式。這些全然不顧及社會現實條件的改革者們，在吉田茂的眼中，即使打著民主和平等的旗號，也仍然是「懷有善意但又妄自尊大的」。

黯然離去
一位日本員警在美軍的督促下，低著頭離開了自己在村中的崗哨。儘管極其痛苦和勉強，日本政府還是很快解散了國內各種軍事機構。

在戰後一兩年之內占領軍又採取了土地改革、教育改革、解散財閥和制定憲法等措施。這些巨大的變化簡直可以稱為「不流血的革命」。

2. 與盟軍進行了苛刻的談判

典型的美國人,總是精力旺盛,並充滿了樂觀主義的精神,為了上述改革日本的目的,他們在美國國內組織起來,做好了準備才來到日本。在本質上,那些美國人是善意的,於是成功地得到了日本人的理解和尊重。然而,占領者們也是自大而苛刻的,他們不允許日本復興自己的經濟,認為沒有那個必要。1945 年 11 月,麥克阿瑟總部得到了美國的指示:「該司令官不對日本經濟的復興和加強負任何責任。

另外,他們破壞了舊的政治結構,對社會實行了徹底的改革,這將會給日本人的現實生活帶來什麼樣的影響,美國人也總是抱著很單純的樂觀主義態度。

新政派是這些人當中最有代表性的人物,他們重視計畫和理想,並且努力地付諸行動,而對措施實施後的實際效果,他們並不關心。

不但如此,面對日本政府有關負責人就日本改革提出的建議和忠告時,即使這種建議和忠告是為了順利地促使計畫的執行,也經常被美國人認為是在抗拒占領行政,甚至被誤解為妨害占領行政。

　　美國人總是喜歡輕視對方的感情，偏重理想，當他們在桌面上制定了理想的計畫，就一定會積極而努力地付諸行動，並且全然不管不顧地強迫對方執行。然而一旦對方拒絕執行或者非常不樂意，美國人會非常生氣，雖然他們沒有惡意，但是這種忽視對方感情、歷史和傳統的做法讓人很不舒服。

　　就日本來說，和這樣一些熱衷於改革的美國人進行談判，的確是一種超乎平常的經驗。當然並非所有的美國人都會這樣，例如，因為戰爭跟隨麥克阿瑟來到日本的美國軍人，他們只是關心占領的成功，對於改革者的過激行為也多少發揮了一些節制的作用。

　　以下是有關最高運輸司令官貝森準將的一段故事，這段故事表現出美國人的風度，因為貝森準將坦蕩地認可了日本人的才能。

　　1945 年 9 月 2 日，日本在美國軍艦「密蘇里」號上簽訂了投降書。盟軍總部提前通知到運輸省：「3 日，最高運輸司令官貝森準將等人將要以一天的時間來巡視橫濱、大宮、東京和厚木等東京地區。」當時日本滿目瘡痍，以一天的時間來進行多地區的視察是很難完成的。日本「國鐵」[35] 雖然努力拒絕，但是最終不得不進行視察，只是範圍縮小了一些。

　　視察後，貝森準將非常認可日本「國鐵」優越的技術和

35　國鐵：主要是指日本當時的國營鐵道公司

組織，並依此做出了決定：「在日本，鐵路運輸均由日方來管理，美軍只掌握基本方針。」這個決定與日本曾經在大陸和東南亞的做法相同。雖然美軍在日本登陸之前，已經制定了對鐵路運輸的管理計畫，但是貝森的措施卻給日本人帶來許多的好處。盟軍總部有許多優秀的人才，可是今天，貝森準將依然以陸軍上將的身分在美軍居於重要地位。

（有澤廣已修訂：《日本產業百年史》第 435 頁
日本經濟新聞社）

京都清涼寺・梅花　山本建三
經歷過戰敗和美軍占領的痛苦，日本國民如同這熬過苦冬的寒梅一樣，又恢復了蓬勃的活力與鬥志。他們默默接受了美軍的改革，將所有的熱情投入到重建國家的事業之中。

3. 帶著希望接受巨大改革

當然從今天看，美國當時對日本進行的改革是很有成效的。美國人進行了理想主義的改革，使混亂和絕望中的日本人看到了未來的希望。這些改革結束了日本原本生活只停留在追求每天溫飽的境地，畢竟日本人和美國人有一點共同之處就是樂天主義。

重要的是，日本人對於美國理想主義的改革有強大的消化能力。為什麼日本人能夠如此呢？是因為曾經以失敗而告終的大正時代議會的嘗試給日本戰後的改革奠定了一定的基礎。

在日本，曾經國家主權是屬於天皇的，經過改革主權屬於了國民，這種根本政治制度的改革並未令日本人感到困惑。那是日本人曾擁有在明治時代開始到大正時代達到頂點的議會政治的經驗，否則日本人是不會歡迎這種改革的。

一些日本人非常懷念以前的議會制度，並歡迎如今的制度改革。由於日本人擁有管理議會政治的經驗，所以當日本引進選舉制度後，並沒有引起混亂和產生弊端。巨大的改革，因為這種經驗具有了連續性，選民們對大正時代以來的政黨議員投了許多票。

新政派人物和希望徹底改革的人們對這種情況感到很失望，它的確有抑制改革的作用，但是正是由於因為這一點，日本社會才能平穩過渡。

占領軍政策的深遠影響

這是一段讓人深深感嘆的歷史：日本百姓曾經只能跪伏在皇宮的二重橋前，沒有資格也不敢抬頭瞻仰皇族的天容，而在美國占領軍的指示下，國家的主權從天皇轉移到人民的手中。

4. 關於日本憲法第 9 條規定放棄武力，國民眾說紛紜

今天，回想起那個時期，人們完全沒有想過應該進一步進行改革。人們只是深切地清楚實行那樣巨大的改革，日本竟然沒有發生大的動亂。

當主權從天皇移轉到國民身上，國會就成為了「最高的權力機關」，而且國會也是國家唯一的立法機關。對這一點，舊憲法僅僅是以一般的但書 36 加以限制的，而新憲法廢除了模糊的但書，明確地規定了國民的權力不受侵犯。

36　但書：指的是日本就憲法條文中「但」字以下的一段文字。

　　司法權中講究對權力加以限制這樣的原則，惟有如此才能使司法權得到真正的獨立。戰前的日本體制中，司法權歸行政部門行使。司法省影響著國內所有的審判機構。

　　為了增加國民能夠接受政治訓練的機會，縮小中央官員對國民的實際權力，改革取消了內務省和被稱作其股肱的由中央實現管理的員警力量，同時放開了地方自治體會議的許可權，這樣，地方自治體的政治領導可以被居民選舉產生。

　　大多數國民支持這些重大的改革。例如，國民十分擁護新頒布的憲法。可是由於修改憲法是由占領軍提議的，所以新憲法不像被日本提議制定的憲法那樣容易在日本扎根。

　　當然對於修改憲法，每個人的理解是不一樣的。例如憲法第九條規定放棄武力，那麼這種放棄武力是否意味著放棄自衛的武裝力量呢？關於這個問題，理解上的不一致導致國民眾說紛紜，莫衷一是。

　　日本的百姓沒有深遠的考慮，他們已經懼怕了戰前的軍國主義，因此才擁護新憲法第九條。總之，進行迅速的改革、改變法律和政治體制並不困難，可是讓這種改革在一個國家中扎根並不是容易的事情。

　　某些改革能夠在日本扎根發展，歸根到底是因為有一定的基礎，那些沒有基礎、並不適應日本本國國情的改革，在日本恢復獨立後都進行了變更。譬如，在非共產主義的世界中，日

本的土地改革進行得最徹底，那是因為土地改革有在日本扎根的基礎，結果土地改革之前占 46% 的佃戶減少到 10% 以下。

雨中的祈福

家園毀滅、親人死去、經濟倒退，二戰給日本人民帶來一場揮之不去的噩夢。當他們坐在雨中，滿懷悲痛地為靖國神社中的死者祈福時，軍國主義的神話在他們的心目中完全破碎了。因此，放棄武力的憲法第九條才能得到民眾的支援。

大野新田　葛飾北齋約 1835 年

自江戶時代以來，日本的農民一直是世界上受剝削程度最高的人群。明治維新時期的地稅改革不夠深入，而 1947 年的土地改革則確保了「耕者有其田」的原則，充分鼓舞了農民的生產積極性。

5. 早期日本就已經具備進行土地改革的基礎

　　日本的土地改革之所以可以在日本快速扎根，是因為日本早已經孕育了土地改革的基礎。

　　從日本發生米糧暴動的大正時代，關於土地問題，一直以來許多人都提倡進行改革。當日本發展工業化時候，農村卻停滯不前，這形成了鮮明的矛盾，既然稻米不能自給，就得必須從國外進口稻米，長期以來如果不提高農業的生產率，農村就無法維持生存，這是一個顯而易見的問題。

　　從提倡扶植和建立自耕農開始，日本人就已開始研究農業問題。譬如，負責土地改革工作的農林大臣和田博雄，他作為農林省的高級官員，從戰爭前就已經開始調查農業的實際情況，制定了針對日本的土地改革計畫。這是一項非常正規，而且從實際情況出發的研究。

大地
大地是孕育人類的母親。它雖然沉默無言，卻總能喚起人們心中深沉的情感。

其實，日本在占領軍發出土地改革指示以前，就已經提出了土地改革。

那時候有一些與土地改革有著深厚利害關係的人，他們反對土地改革，而且反對意見非常尖銳，占領軍發揮了絕對權威的作用。尤其在進行保有佃戶耕地的限度平均為一町步[37] 這樣徹底的土地改革時，是在占領軍的指示下進行的。

總體來看，土地改革其實是在占領軍的支持下由日本方面主動提倡的，而占領軍加深了改革的程度，進行了徹底的改革。

日本人對農業改革進行的長期研究，使這次徹底的土地改革扎根於日本。對農業情況的實際調查使土地改革適應日本的實際情況。

另外，在日本歷史上一直存在的農民運動，一直為了佃農的解放而奮鬥。那些進行農民運動的人們了解了土地改革後，歡欣鼓舞，並且極其熱情地幫助土地改革的實施。其中許多農村的下級官吏和職員不僅贊同土地改革，而且全力以赴地推行土地改革。

舊時的地主抑制了他們對土地被沒收的不滿情緒，服從了政府的要求，因而，在這次巨大的土地改革中並沒有發生流血事件。

37 　町步：是一種土地計算面積的單位。一町步，合 99.15 公畝。

理想和現實之間的差距

1. 改革教育制度以尊重人權和教育機會均等為原則

　　土地改革非常成功，然而在日本，教育改革的成功並不明顯。占領軍實行理想主義的教育改革，雖然得到了許多日本人的支持，但是，這次的教育改革卻有不適應日本國情的地方。

　　1946 年，為了進行教育改革，占領軍在 3 月派遣教育代表來到日本進行考察，考察後，教育代表們認為日本的教育改革應該以尊重人權和教育機會均等為原則。

　　就這樣，在教育代表們的建議下，日本政府在 8 月建立了教育革新委員會，開始審議關於教育民主化的問題。

　　在教育革新委員會中，大多數委員都十分贊同美國教育代表的建議，並於 1946 年底明確規定小學六年和中學三年為九年義務教育，並且向政府提出第二年付諸實際行動。

　　國民熱烈擁護這一建議，紛紛寫信給文部省、教育革新委員會、國會和占領軍表示贊同和支持。這些信件反映了同樣的心情：「只有教育能夠復興日本。戰爭使我們的國家遭到破壞，直至荒蕪，子孫後代在我們這裡繼承不了任何的東西，只有教育，我們能夠給他們的只有卓越的教育。」在來信的人當中，有來自各個階層的人，有人字跡清秀，有人字跡潦草，文章有好有壞，但基本思想和內容卻是相同的。盟

軍總部的美國人看完這些信，非常感動，這使他們更加堅信他們理想主義的教育改革。

貧困的東京市民
許多日本人相信優秀的國民素養是日本戰後所擁有的最寶貴的財富，惟有憑藉這一力量，才能重建和振興日本。

2. 在財政拮据的情況下，日本人依然可以呈現一種文化國家復興中的精神面貌

當然，上述情況呈現了日本人優越的一面。日本國民極其講究實際，同時也十分相信精神力量。這一點尤其在戰後的困難時期，表現得非常明顯。

人們每天為維持生活拚命地工作著，但是他們在思想上卻關注著日本國民文化素養的發展，希望日本能夠作為一個文化國家從廢墟中重生。他們把希望傾注在教育這一領域。

正是這種態度，使日本國民具備了日本得到復興的素養。

可是根據日本的實際情況，財政上十分拮据，戰爭摧毀了許多校舍，這些情況其實和教育革新委員會提出的計畫似乎並不是完全適合。政府在教育方面希望 3 年內實施中學的義務教育制度，全部的六三‧三四制 [38] 在大約 10 年內實施。

實行六三制需要巨大的經濟費用，就算在戰爭前日本強盛的時候，實行 6 年的義務教育也是十分困難的。日本在戰爭時期雖然以文字的方式制定了 8 年義務教育制度，然而實際上沒有實施。戰敗後，卻從 8 年義務教育發展為 9 年義務教育。這在財政上，是很難實現的。

日本學問之神 —— 菅原道真
京都天滿宮太宰府的學問之神 —— 菅原道真一年四季香火興旺，足以從側面反映日本人民對學問和智慧的重視。

38　六三‧三四制：二戰結束後，日本實施了教育改革，把小學 6 年和中學 3 年規定為 9 年義務教育，稱為六三制，加上高等學校 3 年和大學 4 年，就共稱為六三‧三四制。

高中課堂上的幻燈片教學
幻燈片作為一種先進的教學工具,其形象、直觀的特點深受日本教師的喜愛,很快便廣泛應用於各高中的日常教學之中。

那個時候的日本,國民的生活本來就已經非常辛苦,再也不能把這種教育負擔加在他們的身上。當時,通貨膨脹日益嚴重,日本的財政已經陷入了困境,再把義務教育延長3年,這實在是無法實現的。

3. 占領軍急於實施六三制,日本與之進行談判

綜上所述,這個計畫雖是好的,可是實施應該放緩。然而,輿論和教育工作者的意見都希望這一計畫迅速實施。

這些意見多數來自占領軍中年輕的行政官員善意而輕率的想法,還有當時日本進步主義中機會分子的意見所帶動的社會輿論。

　　有一句格言：欲速則不達。文部大臣田中耕太郎與文部次官山崎匡輔都認為這個建議好是好，但是有些操之過急，好像提出過不贊同的意見，他們為了日本的發展的確費盡了苦心。

　　可是不久，盟軍總部竟然全然不顧他們的建議，毅然指示日本必須在 1947 年開始實施六三制。誠實的田中等人陷入了矛盾而困惑的境地。

　　田中文相認為：考慮到戰後日本的具體情況，六三制固然很好，可是卻不適應日本目前的經濟情況，應該酌情根據日本的經濟狀況來改革，依次進行小學、中學、高等學校和大學的義務教育。

　　日本當局感到很為難的是盟軍總部要求日本從 1947 年起，在 3 年內，完成小學、中學、高中以及大學的改革。

　　田中文相和山崎次官為之做了談判。而當我認為他們的抵抗達到最大限度的時候，便建議田中去休養，因為我預料到再繼續對抗下去，對日美雙方都是不利的。

　　然而終於斷然實行了六三制。我認為有關人員的辛苦確實非同小可。我在這一問題上深切地感到，理想雖好，但負責把理想變為現實的人們卻是很艱苦的。

4. 應急措施和建設措施交織起來的急進的教育改革

當時日本呈現了一種急於實施教育改革的氣氛，教育革新委員會受到的影響最大。那個時候，文部省的日高第四郎作了以下情況的敘述：

> 現在，我作為屬於文部省的內部人員，來談談關於新學制改革的內幕情況。
>
> 當時，占領者的教育政策有兩個階段。首先，第一個階段是應急階段，在這期間徹底清洗了教育界。1945 年 10 月 25 日發表了有關教育的管理政策，與此同時，還對那些鼓吹軍國主義的教育工作者們進行了整肅。在那一年底，發布了相關指示，要求停止講授修身、日本地理和歷史等學科的內容。這就是在第一個階段對教員和教育內容進行了大規模的清洗。
>
> 其次，第二個階段是採取建設性措施的階段。他們沒有實行軍政那樣的方式，只是採取單方面命令的方式命令日本去執行，這似乎更像是以「幕後領導」的方式指揮著日本教育的改革。美方的軍人並不公開對日本進行指導。
>
> 1946 年 3 月 5 日，美國教育工作者組成了一個 27 人的代表團到達了東京，就日本的教育問題，和日本的有關人員進行了一個多月的會談，並在 3 月 31 日將報告書提交給盟軍統帥麥克阿瑟。報告書中設想了日本教育未來發展的狀態以及可喜的預測。
>
> 報告書為當時日本的教育改革帶來了巨大衝擊。我也看

到過報告書的內容。總體來說，報告書所建議的措施是
公平妥當的，也展現了對日本人的理解和善意，當然其
中也有不盡人意的地方。

值得說起的是當時的文部大臣安倍能成先生為歡迎教育
代表團到達東京時的致詞。那篇致詞的確是氣魄磅礡，
非常出色。教育代表團是以戰勝國的姿態來到日本的，
而此刻，戰敗國的國家代表竟然能毅然進行這麼出色的
致詞，這是在告訴代表團，在我們日本有很多卓越的人
物，當然也為代表團留下了深刻的印象。

我想當教育代表團的代表們傾聽安倍文部大臣的意見後
也表示了同感和信賴，所以在他們的報告書中才能夠那
樣公平和留有餘地。

對日本教育改革在幕後進行領導的人，究竟用什麼形式
進行領導呢？當時就以接待教育代表團的十幾名委員為
主建立了教育革新委員會。

由 50 人左右、學識淵博的人組成了這個委員會的總理大
臣的諮詢機關。在 1946 年 9 月到 1952 年 11 月的 5 年
多時間裡，諮詢機關對日本教育開展了全面的研究和批
判，並 35 次向總理大臣提出建議。這段日子裡，還建立
了 21 個特別委員會，召開了 192 次全體會議，對全面改
革日本教育提出了方案。教育革新委員會、文部省以及
盟軍總部的民間情報教育部（CIE）對這些方案進行了協
商，最終文部省將協商的結果做成了法律草案，提交給
議會審議。

大物海上月　月崗芳年

教育改革的第一個階段是大清洗的階段，美國人的用意是要清除日本國內法西斯及軍國主義的影響。而武士道中宣揚的那種極致的忠誠，為了天皇和國家盲目地獻身，也是教育改革所需要清洗的一個重要內容。

當時，文部省充當了高級勤務員的角色。它在教育革新委員會當中沒有資格進行主動、積極的發言，就好像一個沒有資格的旁聽者，只有在得到詢問的時候才能做出答覆。在那幾次連續的協商中，文部省負責實施改革方案，可是文部省的意見和希望卻是很難得到重視的。

1946 年 12 月 27 日，向總理大臣提出了關於六三·三四學制的建議，並斷然決定自 1947 年 4 月起實施六三制。這是沒有道理的。當我們列席小委員會和大會時，就感覺到可能要提出這樣無理的要求。當時，學校教育局的次長即現今的次官沒有辦法地發言說：「快速實施計畫固然不錯，但是日本還沒有做好 1947 年開始實施這種改革的準備，如果能夠暫緩實施會更適合。」

可是這樣的發言，卻被一些官員指責為官僚在逃避責任。這種一點也不考慮到實施者立場的行為，難道就是民主嗎？一直強調民主，但是在這些事情上卻採用了如此不民主的方法。

可是如果把這種行為看作是一場革命，也是沒有辦法的，只能如此，當時的激動狀態就是這樣的。因此，文部省才成為當時的高等勤務員。

（日高第四部：《民主教育的回顧和開展》，學習研究社）

第四章
經濟快速復興的祕密

努力轉向自立

1. 美國隨著日本農業和工業的恢復改變了對日政策

1948 年（昭和二十三年）秋天，我進行了第二次內閣組閣。從那時候起，日本從那種為了每天的溫飽問題而疲於奔命的困難狀況，開始向經濟的甦醒和建設轉變。

征服者與戰敗者
可想而知，很多時候征服者並不在意戰敗者的感情，兩者的關係時常會出現十分微妙的尷尬局面。美軍基地迅速成長的色情業令日本人在道德困窘和大把美鈔之間坐立不安。

暫時的盟友
美國在二戰期間與蘇聯暫時結為盟友，但自羅斯福總統之後的歷屆政府又擔心這位盟友有稱霸世界的野心。共同的敵人被打垮之後，兩個國家之間很快便開始了互相遏制的冷戰。為了在太平洋地區培植自己的勢力，美國迅速扭轉了對日的政策。

1947 年春天，我將政權讓給了社會黨，從那以後，只用了一年半的時間，日本的情況卻發生了令人欣慰的變化。

首先是戰後糧食不足的問題出現了好轉的跡象。

1947 年日本獲得了豐收，儘管由於黑市價格和公定價格有一定的差距，國內稻米的供應依然存在著困難，但豐收仍然是一件讓人欣喜的事情。

其次，工業生產方面也開始復甦。日本在工業上採取了扶植重點生產的方式，將原料、勞動力、物資和資金重點投入到鋼鐵和煤炭等重點工業上。儘管那時候依然存在著嚴重的通貨膨脹，但是國內的生產力卻逐漸恢復。

　　由於日本的農業和工業有了逐漸甦醒的跡象，美國轉變了對日政策。

　　在美國駐軍剛剛進入日本的時候，美國一直信奉著理想主義，徹底執行在日本的民主化和非軍事化，而毫不關心日本的經濟復興。當初，他們甚至採取了許多過火的措施，例如他們曾經歡迎共產黨的發展，公開地扶植和保護工會等。日本的一些破壞勢力乘停戰不久，生活沒有穩定的形勢，利用了美國駐軍那些過火的措施，以至最後轉變為具有政治色彩的示威遊行和關於勞資的糾紛，進而造成了社會的混亂。

2. 日本走向了加速經濟復興的道路

　　隨著事態的發展，美、蘇間的對立也與日俱增，美國開始重新考慮對日本的過火措施，於是，美國再一次分析了它的全球性的對外政策，對日政策也發生了轉變：利用幫助日本經濟復甦來制止共產主義的滲透。

　　1948 年，這種轉變已經十分清晰，美國開始在日本增加貿易的資金援助，依據對外援助法向日本提供物資，甚至停止臨時賠償，以及進一步將經濟力集中限制法和禁止壟斷法放寬，這些措施給了日本經濟更大喘息和發展的空間。

重現的笑容

逐漸回升的經濟使得昔日難得一見的笑容又回到老木匠的臉上,現在他終於能夠確信憑著辛勤的勞動,他的日子將一天比一天更好。

　　從 1948 年以後,由於肥料生產的恢復和氣候的好轉,使一直惡劣的全世界糧食情況有了明顯的改善。這時候,美國的糧食援助也突然變得積極起來,於是進口糧食大量的增加,使日本的糧食狀況得到了積極的轉變。

在日本的工業生產方面，從 1948 年開始，日本開始實行的工業原料供應顯著地促進了工業生產的恢復。

此刻，日本人的精神面貌也出現了大的改變。在戰爭剛結束時，由於戰敗的打擊、國家的支離破碎以及生活的動盪，人們有著強烈的不安，面對著剛剛開始的持續改革，人們在惶恐中興奮著。

在那個惶恐的時代，報紙也充分表達出社會的混亂和改革的色彩。當時，由於紙張缺乏，日本的報紙都是 16 開版的小報，正面報導的都是令人振奮的、有關占領政策的改革消息，背面則報導了日本糧食不足和社會一片混亂的現象。

隨著時間的推移，人們從戰敗的局面中堅強地站起來，同時也從改革的激動中清醒過來，情緒逐漸安定下來。人們都努力認真地工作，深刻地認識到日本的復興必須要強大日本的經濟力量。

逐漸，日本慢慢地從混亂的改革時代走進了復興時代。人們精神面貌的改變，是促使日本自由黨在 1949 年（昭和二十四年）1 月的大選中獲得全勝的原因，也是在戰後首次獨自取得半數議席的原因。

3. 回到國際經濟環境之中是一個不能耽擱的問題

1948 年的秋天，我在第二次組閣時最擔心的問題是：如何能夠制止日本的通貨膨脹，如何阻止物價和薪資之間的惡性循環，來促進日本經濟的穩定和發展。

針對這個問題，黨內外人士有著許多不同的看法和意見。當時我認為，第一，要調整和穩定日本國內的物價，努力保障企業經營的合理化；第二，要與當時的國際經濟環境結合起來，這樣才能夠把日本當時各種商品的不同匯率變成單一的匯率。

姑且不談經濟方面的具體理論，由於多年的海外生活經驗，以及習慣於國際關係的原因，我憑著直覺感到必須把國內經濟同國際經濟結合起來。

缸中的金魚

吉田茂清楚地意識到，他必須引領同胞將目光望向更遠、更開闊的地方。如果日本經濟不能擺脫人為製造的溫室，就像缸中的金魚一樣，就永遠不能改變自己的命運，贏得真正的獨立。

　　日本由於戰敗而喪失了領土，儲備已經耗盡，人口又迅速增加。處於百廢待興的日本經濟，只在國內頑強地堅持下去，其效果是有限的。

　　如果不能迅速融入國際經濟，日本經濟就不會真正的好轉。也許接受國際經濟風暴的考驗是痛苦的，但不這樣做就永無出頭之日。

因此，我們必須放棄依靠統制或補助來管理經濟的想法，改變盟軍總部的新政派們採取的方針，使日本經濟朝著自立的方向發展。

美國是一個經濟力量雄厚的大國，從一開始就沒有經歷過國際經濟狂瀾的衝擊，所以從沒有將統制看作是深刻的問題，只是認為想搞就搞起來了，在日本也能夠像實行新政那樣地實行統制經濟。

然而，日本和美國的情況截然不同。日本應該遵循自然的經濟法則，逐步改進，經受鍛煉，而不應該改變經濟自身的運行方式，用人為的「經濟規律」來限制。

4. 道奇特使的新政策 —— 建議為經濟自主鋪平道路

池田勇人在 1949 年初擔任大藏大臣的時候，道奇[39] 來到了日本，並且和我持有相同的看法。他提議在日本制定嚴格的平衡預算，結束日本的通貨膨脹，控制用在資助出口和進口的補助金，將日本經濟穩步地置身於商業的基礎之上。如果考慮到種種因素，道奇的建議對我們來說，的確是很值得欣喜的。

39　道奇：美國人，底特律銀行的董事長，1949 年就任盟軍總部經濟顧問。

祖孫倆

戰爭使許多孩子失去父母，只能由年老的爺爺、奶奶代為照料成長。經歷了如此多的苦難，剛剛看到一點希望的日本百姓，自然很難發自內心地接受在外國人干涉下的苦難日子。

　　道奇具有極高的威信，可以很好地抑制新政派人物的做法。就這樣，日本政府調整了補助金，制定了平衡預算，並且規定了 360 日元折合 1 美元的匯率。

　　這個匯率實施後，日本便以這個匯率作為日本經濟活動的中心。這一匯率穩定了日本的經濟，並在此基礎上發展了日本的出口，復興了日本經濟。我們都認為，只有一直站在這個經濟支點之上，才可以充分地利用復興金融金庫等旨在進行設備投資的國家援助。

　　當然，這也是一項十分艱辛的工作。採取這樣的措施，雖然非常有效地抑制了國內的通貨膨脹，但是國內依然銀根吃緊，增加了滯銷貨物。

　　這時期，恰好美國經濟走向衰退，英鎊也不穩定，日本的出口沒有達到預期的目標，導致日本走向經濟自主的道路愈顯艱辛。

　　同時，有一些人要求修改通貨收縮的政策。當銀根吃緊、貨物滯銷，一些中小企業不得不面臨破產和歇業時，社會上出現了動搖。

　　顯而易見，道奇的政策是完全正確的。可是暫時的艱辛讓國人無法理解。他們一致認為道奇作為一個外國人卻強迫日本人來過困苦的生活，這種困苦使國人們對占領出現了不滿。

信任與和解的統一

1. 以日本重整軍備為條件要求媾和與獨立

　　針對調整通貨收縮政策，日本政府同美國進行了協商，順便探詢了美國關於媾和問題的態度，並提出了日本政府的想法。當時，美國也需要建立更為正常的關係，希望早日締結和約。於是，1950 年（昭和二十五年）4 月，池田大藏大臣赴美，這一年的 6 月，美國國務卿艾奇遜的顧問杜勒斯，來到日本起草和約。

遠離戰爭的心態
經驗老道的吉田茂清楚地知道美國要求日本重整軍備的目的所在。然而，此時戰爭給日本國民帶來的傷痛還遠未平復，日本政府要做的是提高人民的生活條件，而絕不能再陷入另一場戰爭。

　　就日本的安全保障問題，杜勒斯從當時的國際形勢分析，認為是無法允許日本繼續保留沒有軍備的條件。因此，把重整軍備作為了媾和的條件。

　　可是，我無法贊同這種重整軍備的觀點。當時的日本，經濟還沒有復興，為了實現自己的經濟獨立，日本正在一種艱苦的環境下生存，還不得不強迫它的國民過著艱辛的生活。這時候，突然進行重整軍備，為軍備而花費的巨額資金，將會嚴重地阻礙日本的經濟發展。

　　這種做法就如同在一匹瘦馬身上裝上它無法承擔的重負。如果日本承擔了軍備所要花費的巨額資金，日本的經濟就會受到嚴重的破壞，就算有了可以用有用的軍備，也是無濟於事的。

　　況且，對於那些被迫參加二戰的國民來說，戰敗的傷口依然存在，日本還沒有恢復那種重整軍備的心理基礎。如果日本重整了軍備，也會刺激許多亞洲的國家。

2. 韓戰爆發產生大量軍需，給日本的出口帶來了飛躍

　　我曾經堅決反對重整軍備，到了今天，我仍然認為自己的想法是正確的。在那個時期，如果早早地重整軍備，日本令人驚奇的經濟發展也不會存在了。

　　杜勒斯到達日本沒有多久，韓戰就爆發了。這次戰爭大大刺激了因為道奇路線而正在復甦經濟的日本。

　　韓戰爆發後不到 2 個月，8 月 15 日就是停戰 5 週年紀念日，當時的報紙上有過這樣的報導：「再見了，靠典當過活的日子！」、「曾經買不到東西的票證，現在無需票證」等等。一個多月後的 9 月下旬，日本就廢除了衣料配給制度。

　　從戰後一直到這個時候，人們一直按照配售的件數來購買衣料，就算有錢，如果沒有正規的票證也買不到衣料，甚至有時候拿到票證也難以買到衣料。

　　可是，當韓戰爆發之後，人們明顯地感覺到衣服的供應量多了，生活也變得比以前富裕了，也就是說，韓戰開始後，日本的經濟有了明顯的好轉。

　　當日本正處於一個不依靠補助金資助、努力奠定進出口基礎的時候，韓戰爆發了。軍需物資在日本訂貨，海外市場也開始全面繁榮，一時間，日本的商品輸出有了突飛猛進的成長，這對日本無疑是個奇蹟。

整裝待發的美國海軍
1950 年 6 月 25 日，韓戰爆發，美國立即警覺這是蘇聯支持下發動的一場戰爭，並做出了參戰的決定。而此時的日本，作為亞洲唯一的工業國，同時又是美國軍隊的臨時基地，接到了大量軍用卡車、汽車零件以及武器的訂單。

　　韓戰爆發一年以後，日本的工礦業生產比以前增加了 50%，法人所得從 1949 年至 1951 年期間，總共增加到 3 至 4 倍。

3. 與以杜勒斯為代表的締結和約的談判進展順利

　　針對締結對日和約的問題，有人認為因為韓戰的關係，美國可能會推遲和約的締結。可是就在戰爭爆發的那一年秋天，美國政府就授權杜勒斯交涉締結對日和約的問題，並且從那個時候開始與有關的國家進行磋商。杜勒斯以總統特使的身分在 1951 年（昭和二十六年）1 月訪問了日本，正式進行了關於締結和約問題的談判。

冷戰戰士杜勒斯
杜勒斯（右）與其友人亨利·洛奇在一起。作為美國外交政策的「掌舵人」，杜勒斯在一生的政治生涯中都致力於貫徹和實行其「冷戰」及「和平演變」的思想。

　　杜勒斯說：「這次我們不是確定一種締結戰勝國對戰敗國的和約，而是磋商締結友邦之間的條約。」正如他所傳達的思想，美國的確打算對日本締結一份寬厚的和約。

　　可是，杜勒斯最為關心的問題是：日本有對自由世界做出貢獻的能力，希望日本可以考慮自己的安全保障重新建立

軍備。於是，杜勒斯又一次提議日本有重整軍備的需要。可是我堅定地拒絕了他，那既是不可能的，在日本也絕對不會受到歡迎。

緊接著，日本方面提議和美國締結和約來保障日本安全的建議。我方的理由是：曾考慮依靠聯合國來保障自身的安全，可是從實際出發，聯合國到底有多大的保障能力，我們誰也不清楚。

當杜勒斯第二次訪日時，合約的輪廓大體上已經完成了。美方和我方就下列事項達成諒解：關於日本的安全保障問題取得一致性意見；對於占領時期的改革問題，和約不做恆久不變的規定；在賠償問題上，為了減去日本的外匯壓力，以實物賠償為原則；不再有進一步被起訴的戰犯，並且對那些已經判刑的戰犯設法赦免或者減刑等等。

為此，杜勒斯訪問了一些國家，按照上述的和約與有關國家進行了意見交換。在那些國家裡，有的國家堅持要求賠償，有的國家提議在和約中一定要限制日本的軍備力量，還有的國家要求對日本的經濟能力進行限制，例如英聯邦的成員國。

英國依然不信任日本，並且恐懼日本在貿易、海運等方面的競爭，甚至英聯邦各成員國還要求對日本的漁業進行限制。

最終，杜勒斯說服了這些國家，抱著「和解和信任的和平」這樣的理念做出了很大的努力，終於於 1951 年（昭和二十六年）9 月在舊金山簽訂了美日和約。

4. 對於建立日美合作關係，各國的批判態度

當然，有很多方面會對這個和約持相反的意見，因為《舊金山和約》非常明顯地表達了日本將加入自由世界的決定。蘇聯非常反對這一點，在和約上並未簽字，那是非常正常的。但是，蘇聯官方人員葛羅米柯卻明確表示，認為《舊金山和約》是一種為了下次戰爭而做好準備的和約，這是一種沒有從客觀事實出發的論斷。

當然在後來，並沒有發生所謂的戰爭，特別是最近日本和蘇聯正在努力增進的友好關係，也讓人感到了不可思議。

即使在日本國內，也有一些人竟然與蘇聯的想法一樣，對日本和美國的和約，公然發表反對和挑撥離間的言語。他們認為日本是在追隨美國，日本的發展會使之成為「亞洲的孤兒」。

但是，日本和美國的和約是建立在雙方的利益之上的。正如前面的分析，當美國和日本建交之後，日本一直和英、美兩國在政治上與經濟上保持著一致。正是由於破壞了這個原則，與德國和義大利結盟，才導致日本輕率地投入戰爭。

逐獵　阿特・沃爾夫
狼群在獵食時很懂得互相配合以謀取更大利益。智慧更高的人類，顯然更能得心應
手地運用這一法則。為了擴大在太平洋地區的影響力，美國迅速轉變立場，與昔日
的仇敵 ── 日本建立了戰略同盟關係。

　　自明治維新開始，日本與美國就有在經濟上合作的淵
源。日本對美國的貿易總額常常占據大約 30%，對日本這個
靠貿易生存的國家而言，這種關係是十分重要的，並且這種
關係隨著占領開始，更進一步加深了。

　　那個時候，日本一直依賴著與各個自由國家，尤其是美
國，在政治上與經濟上的合作來完成日本的復興與建設。因
此，日本與美國建立的交往關係是符合自然發展的結果的。

　　當然在這種自然的結果之中，日、美建立了共同防衛體
制。在戰敗的那段時候，日本對內和對外關係嚴重地受到美
國的支配。這是事實，也是一定的。有人說，日本已經慢慢

地養成了一種習慣，即使自己獨立了，日本依然會追隨美國。

　　然而，這些人忘卻了，這種情況會改變的，前提是日本的經濟和實力得到了一定的發展和擴充。

鳥居

按照日本人的觀念，人生被劃分為多個獨立的世界，每個世界都有自己特殊的準則。只要不違反規則，他們就可自如且毫無障礙地在各個世界之間轉換。一旦踏過鳥居，世俗的人就可以進入神的世界；同樣，一旦有了《舊金山和約》，日本也就不再考慮過去的功過是非，一心一意地成為美國的盟友。

至關重要的貿易
對於國土狹小的日本，除了海產，幾乎任何一種資源都是缺乏的。因此，日本在戰後試圖恢復本國經濟，與其他國家，特別是貿易大國之間的交往，則變得愈發重要。

　　總之，在《舊金山和約》之後，日本正在逐漸改善同亞洲各個國家的關係，到了後來，甚至蘇聯等共產主義國家也強烈要求同日本修好，當然，這一切的發展是離不開《舊金山和約》所奠定的基礎的。

5. 北京或臺灣？日本在中國邦交問題上陷入困惑

令日本感到困惑的是對中國的邦交問題。從中日事變開始，一直到太平洋戰爭結束以後，日本一直以國民政府（即中華民國）為交戰對方。戰爭結束後，正是由於中國的寬大對待，在中國境內的日本軍隊和僑民才得以安全歸國。

然而後來，中國大陸發生了重大的政治變革。當美國就日美和約同亞洲各國磋商的時候，國民政府已經移到臺灣，它的統治權只限於臺灣的狹小範圍，而北京的共產黨政權確立了中國大陸的統治權。

儘管在聯合國中，國民政府依然保留著會員國的資格和聯合國安理會常任理事國的位置，並且自稱對中國大陸仍擁有統轄權。可是在現實中，英國第一個承認了中國大陸的共產黨政權，其後印度、緬甸等許多亞洲國家也承認了共產黨在中國大陸的政權。

這些國家強烈反對美國打算邀請國民政府代表出席和會的主張，日本在獨立之後可以任意選擇共產黨政府和國民政府作為恢復邦交的對象。和會就是在這樣的情況下舉行的。

共產中國成立

1949 年 10 月 1 日，毛澤東在天安門城樓上發表了新中國成立的聲明。此時，作為首相的吉田茂陷入了選擇的兩難境地。日本經濟需要與中國大陸之間發展貿易，但又不能為此得罪美國政府。

　　美國之所以這樣反對共產黨政權，是因為在韓戰中，由於中國共產黨的參戰，使戰爭格外慘烈，而使美國與中國大陸的關係惡化到了極致。

　　因此在日本獨立後究竟選擇哪一方的問題上，美國變得格外關心。如果日本因為經濟上的利益，而選擇與北京政權建立友好關係，那麼美國對待共產主義國家的態度也可能發生很大的變化。

　　就這樣，在美日締結和約之前，日本就向美方表示：日本將與臺灣的國民政府恢復邦交。這就是我在 1951 年底寫信給杜勒斯特使的原因。

6. 與臺灣的國民政府簽訂和約是唯一的選擇

　　當時，美國認為日本應該在和約簽訂之前先和中國國民黨政府媾和。因為，美國擔心日本獨立後會向中國大陸的北京政府靠攏，也就是日本與臺灣政府恢復邦交成了日美和約簽訂的前提。

　　就我本人而言，宿願中一直希望能夠與臺灣友好地恢復經濟關係，但是我也不想因加深同臺灣的關係而進一步否認北京政府。

　　我認為，雖然中共政權在當時和蘇聯關係密切，可是因為中華民族的本質和蘇聯人格格不入，文化、國民性甚至連政治情況都不相同的兩個國家，最終是難以相容的。

　　因此，我不想中共政權與日本的關係徹底崩潰。

　　臺灣的國民政府在中國的統轄範圍固然很小，可是，它是自中日事變之後一直與我國交戰的政府，在聯合國中也占有重要的地位，戰後也保障了日本軍民安全撤離，對於這些情誼，日本無論如何無法忘懷。因此，在選擇這個問題的時候，我只想拖延時間，等待著局勢的發展。

毛澤東對莫斯科的訪問
雖然吉田茂一心想拖延行動，但美國政府卻不容許他的敷衍，不斷催促他與臺灣建
交，而中、蘇兩國的聯合恰好給予他一個極好的藉口——由於中國大陸率先將日本
視為假想敵，日本才無法與之建立友好關係。

　　可是，美國參議院的態度很強烈，要日本明確表明態
度，而且我很清楚，這個態度會影響到日美和約。

　　當時聯合國大會已經決定了中共政府具有侵略性，日本
對中國的立場再微妙，也無法拖延了，因為聯合國與中共政
府的關係是一種敵對的關係。

　　而且，蘇聯和中共政府簽訂了《中蘇友好同盟互助條
約》，在條約中把日本當作了假想敵，只要中共政府一直保
持這種態度，日本是無法和它友好相處的。

持續的發展

1. 與共產黨抗衡需要東南亞的發展

最終，舊金山和會充分實現了它曾經預想的目的。

日美和約簽訂之後，日本持續地向前發展著。由於和約對於日本的條件過於放寬，一些東南亞國家曾拒絕參加《舊金山和約》，還有一些國家在和會上公開追究日本的賠償責任，但是所謂的這些問題最終都得到了解決。

和約將賠償固定於只限勞務賠償，可是日本並未只局限於這一點。

一排接受化驗的白兔
作為替代者，白兔可以幫助檢驗藥物的穩定性是否滿足用於人類的要求。日本的科技和工業發展在亞洲一直處於領先地位，向東南亞的技術輸出曾為它帶來大筆利潤。

落後的東南亞經濟亟需援助
緬甸、馬來西亞等東南亞國家仍處於經濟相對落後的狀態，日本透過與其在經濟、技術方面的合作，擴大了自身在國際上的影響。

　　首先，日本對於在戰爭中遭受損失的國家，要補償自己所犯下的錯誤。其次，日本還應該透過支援來援助一些正在努力建設的新型國家提高經濟和生活水準，一同為亞洲地區的穩定而努力，這也是我的目標。

　　更重要的是促進東南亞經濟的繁榮是抗衡共產主義的根本辦法。

　　1954 年（昭和二十九年），我在訪問歐美各國的時候，在加拿大遇見了美國駐東南亞高級專員瑪律科姆·麥克唐納，並且進行了會談。我談了我的想法和我對待東南亞的根本政策：讓自由主義國家提供物力和人力，進行大規模的開發。

　　讓東南亞繁榮起來，東南亞也就能穩定下來，而且會促進貿易的發展，只要讓那些南洋的華僑們認為共產主義制度是賺不到錢的，只有資本主義制度才能夠得到金錢，他們就會放棄擁護共產主義，而且透過這種方式也可以讓共產黨領導下的中國國民了解世界的實際狀況。

　　最近，美國開始熱衷於東南亞的開發，可是如果美國從1950年代開始就能夠這樣做的話，情況一定會更好！

　　就這樣，關於對東南亞的賠償，首先在與緬甸的賠償談判中，日本決定不僅提供生產資料和勞務，還建立了共同的經濟合作。

　　隨後，日本與菲律賓和印尼之間簽訂了友好協定，並且也建立了合作關係。日本在1956年同蘇聯恢復了邦交，同年加入聯合國，歐洲同日本的關係也逐漸改善。1964年，經濟合作與發展組織（OECD）批准日本加入，並且可以與英國進行定期協商。

2. 異常消費的景象促進了經濟的發展

　　在日本的外交關係擴大之後，日本經濟有了令人驚訝的復興和發展。從韓戰開始，日本的經濟就有了突飛猛進的進步，直到1951年韓戰結束之後，日本經濟的發展也沒有停止過。

　　自經濟有了明顯起色以來，日本一直持續對企業進行大量的投資。1950 年民間企業的利潤開始增加，為更新設備日本又一次進行了大量的投資。

　　透過貸款等方式，日本政府援助了經濟的基礎建設。譬如，改善設備，使設備現代化，以此提高鋼鐵的生產率；利用計畫造船來彌補貿易商需要的船舶；在日本各個地區修建水壩，擴充能源等等。日本人一直勤奮地工作著，善於儲蓄的性格永遠沒有改變。

　　但是在戰後，日本人的生活態度發生了巨大的變化。在日本國內，國人的消費觀念普遍增強。1952 年到 1953 年的繁榮景象，人們把它稱作「消費景氣」。那個時候，商店和百貨公司生意興旺，日本人有了購買衣料的興趣，並且開始在外面吃飯。這並不是單純的恢復，與戰前相比，這種消費景氣廣泛出現在國民的各個階層。

裝扮華麗的孩子
隨著經濟的好轉，父母們漸漸能找出空閒，帶著孩子一同出遊。花上一筆可觀的金
錢，給可愛的孩子打扮打扮，也是常有的事。

神社盛事
日本人民變得更加富裕,神社、歌舞伎等各式各樣的民間活動也隨之增多。

這是因為日本在戰後採用兩種方法進行改革。首先透過土地改革使在負債的重壓下生存的佃農富裕起來,使那些占據全國四分之一人口、曾經毫無購買力的貧民變成了有購買力的顧客。其次,工會在成長,民主主義思想也在普及,工業部門的財富分配也趨於平衡,這就使人們的購買力有了很大的提高。就這樣,日本的商品先在國內市場銷售,降低了成本之後,又開始對外出口。

3. 大規模投資於設備,加強國際競爭能力

絲綢和棉花是從前日本具有代表性的出口商品。戰前,日本為了降低商品成本,只付給農家少女微薄的薪資,來增加出口競爭力。但是戰後,這種情況改變了。

用心的拍攝
每逢節假日,總能看到一些年輕人帶著自己心愛的相機在風景優美的古剎、園林等地練習拍攝。

　　日本人鍾愛照相機，幾乎所有的日本人都會購買照相機，照相機的廣泛銷售降低了它的成本，從而能夠對國外出口。

　　電視機也是同樣情況。起初，電視機是由從美國占領軍帶到日本的，是需要從美國進口的一種高價商品，人們只能在茶館和集會場所觀看電視。

　　可是不久後，日本就開始生產國產電視機，當電視機的價格降低下來，各個家庭都有了電視機，到茶館和集會場所的人少了，電視機也變得格外普遍，這時日本便開始向美國出口電視機。

　　當然這期間，日本也出現過經濟萎靡的時候。譬如，1950 年到 1953 年之間，繁榮過後，日本經濟出現了萎靡。

　　但是萎靡的時間並不長，一年不到，出口額又開始增加，日本再次出現了經濟繁榮。因為以前日本對設備進行了大規模的投資，提高了日本工業生產率，競爭能力也增強了，再加上國內市場的擴大，日本經濟已經立足在十分牢固的基礎之上。

街頭女藝人　東松照明　shomei tomatsu
在 1950、1960 年代，日本的攝影師用他們手中的鏡頭留下了許多珍貴的紀錄，全面展現了日本社會各個階層的寫實生活。

在田地中晾晒的水稻
由於大幅度地應用新技術，政府又大力扶植，農民們的積極性在土改後被充分激發起來，水稻的單位產量不斷攀升。

　　這一切都是日本商人努力的結果。他們走遍了世界各地，只為了擴大產品的出口。在戰前，對於占日本出口貿易三分之一的美國，商人們與之建立了穩定的經濟關係；對於同樣占了三分之一的中國和滿洲在斷絕了貿易關係之後，商人們還是繼續努力，只要有希望的地方，就是他們到達的地方。

　　日本商人依靠著自己的勤奮和努力，克服語言上的障礙，開闢了更多的市場。

4. 進行農業和工業技術改革，促進生產力的成長

　　1955 年，經濟恢復繁榮的另一個重要原因是：日本的農業生產得到了巨大的發展。

鐵軌旁的小男孩

由於政府大力推動工業的發展，人們的生活也發生了巨大變化，火車、汽車、家用
電器漸漸成為日常生活中的一部分。即使年紀只有五、六歲的小孩子獨自在火車站
臺上等候，大人們也不會為此感到格外擔心。

那時候，稻米的產量達到了歷史上最高的水準。農業生產每年都在成長。關於「豐收」和「歷史上最高的產量」這一類的報導持續不斷。這一切的根本原因在於土地改革，將土地分給了佃農，提高了佃農們的生產熱情。

再者，戰後糧食困難的情況和黑市的出現，從另一種角度來說對日本是一種財富。戰前的日本，工業急速發展，農村明顯落後，農村貧困問題也成為嚴重的社會問題，可是戰後，儘管暫時出現了貧困和黑市，但是農民的生產力得到了提高，同時因為高價出售糧食，他們得到了大量財富，為農村的發展積蓄了資本。政府採用規定的稻米價格來保護農民，就算這一政策存在著弊端，但是總體來說對農民仍舊是一件好事情。

因此，農民有了利用二戰期間及戰後出現的農業技術的熱情和資本，例如使用農藥來驅除害蟲和使用肥料。日本的許多大學以及分布在全國各地的農業試驗所的研究人員一直致力於這些技術的革新。

戰後，原本占國民總人口一半的農民在 20 年中減少了一半。雖然農民減少了，可是農業生產卻成長了幾乎一倍，這些情況充分表明了農業技術革新的成功。

工業也在進行技術改革。尤其在 1955 年之後，日本大力推進了技術改革。日本人非常重視電子工業以及石油化學工

業的興起和發展，它們可以帶動其他的工業部門，同時日本人又很注重新興產業自動化和合理化的方向，不斷引進世界最新的技術。

日本人有這樣一種精神，他們經常向前看，不願意落後於世界的步伐，這是一種進取精神，激勵著他們提倡技術革新。日本人也能正確估計世界經濟的動向，從而預測日本如何發展出口的遠景。

正如明治時代，以大藏省為中心的官吏們具有同樣的精神和推進現代化的才能一樣，戰後日本經濟部門的官吏們也正確指導了當時的經濟發展。

1950 年代初，日本的輕工業出口仍然占據日本出口數量的一半。人們想改變這種狀況，把出口項目的重點從輕工業轉向重工業和化學工業產品上，並且制定了關於這種轉變的周密計畫。

5.《經濟白皮書》準確地表達了日本經濟發展的道路

針對日本情況，日本經濟部門提出了以下意見：關於世界的發展動向，開發中國家將生產重點放在纖維等輕工業品上，他們將成為日本出口的競爭者。因此，日本在未來需要改變出口結構。日本經濟部門還制定了一些措施，把力量放在生產那種在今後有發展可能的商品，即使那些衰敗工業產品的出口量開始減少，也不必為之擔心。

　　1956 年，日本制定了《經濟白皮書》，針對日本經濟未來發展的道路，做了以下的具體描繪：

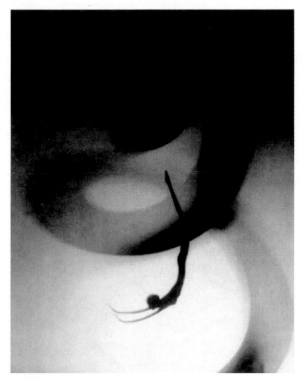

飛躍　德里迪考爾・法蘭蒂賽克
只需輕輕一躍，便能從黑暗投向光明，但是擺脫以往慣性的勇氣卻極為難能可貴。日本勇敢地投身於日新月異的世界經濟當中，經受各種錘煉，為自己贏來了質的飛躍。

　　日本在戰後，經濟發展速度的迅猛，的確讓人意想不到。這是因為日本國民勤勞奮進的性格和世界形勢的促進所造成的。

然而，我們不能忽視一種情況：由於戰敗的原因，使日本人感覺到了絕望，這就加速了日本擺脫困境的速度和決心。這樣，日本有了推動經濟上升的力量。從經濟政策的角度來講，在促進經濟上升的過程中，只要儘量去避免通貨膨脹的障礙和國際收支的惡化就非常好了。企業家經常關心的是隨時準備開始更多的投資，消費者注重的是怎樣能夠買到更豐裕的商品。而今天，推動經濟的力量開始走向衰竭。

發展新型產品
日本意識到繼續生產紡織品，將會遭遇鄰近各國的強勢競爭，於是它非常明智地調整了出口產品的結構，轉而生產高科技含量的產品，在高精密度的電子產品方面，尤其取得了卓越的成績。

日本是一個貧困的國家，與世界各個國家比較，日本消費和投資的潛力非常大，可是，同戰後特定的時期比

較，這種需要的強烈程度開始明顯下降，畢竟如今已經
不是「戰後」時期。今天，我們面臨著不同的情況。經
濟恢復時期已經結束，以後經濟的成長需要現代化來支
撐，而發展現代化，則需要經濟高速而穩步成長才能夠
形成。

對於新事物的接受，常常會有很大的阻力。我們可以感
覺到，現代化的發展好像會比經濟落後時期面臨更加多
的矛盾。中小企業、勞動和農業之間有著各種矛盾，可
是長遠觀望，這些必須透過經濟發展來解決。假如把發
展現代化定位成日本發展國民經濟的唯一途徑，那麼，
日本人民就不得不發揮他們在發展國民經濟中所應該拿
出的勇氣和力量。

現代化是一種自我改革的過程。改革中必然存在著痛
苦。明治初期，我們的前人實行了改革，把一個落後的
農業日本改革成為亞洲地區先進的工業國家。後來，日
本經濟並沒有再一次進行大的改革。於是人們害怕自我
改革的痛苦，逃避這種變化，企圖用改變外部條件來發
展自己，結果造就了膨脹的軍國主義勢力。

現在世界上兩種體制的對立，從核武器競爭改變為和平
競賽，那麼什麼是和平競賽呢？就是經濟成長率的競
爭，也是提高生產率的競爭。戰後的 10 年時間，我們的
目的是恢復經濟，而其他已開發國家則是提高生產率。
法國把復興計畫稱為實現現代化的計畫。

我們必須讓日本置身於技術日新月異的世界經濟以及不

斷變化的世界環境之中。如果不重視這一點，我們和已
開發國家的發展及技術水準的距離會越來越遠，而逐漸
會喪失對那些長期計畫發展本國工業的落後國家的差距。
分析了世界發展的動向之後，我們應該明確地知道，日
本不可以自我陶醉於因為幸運而取得的數量景氣[40]的局
面，必須要努力追趕世界技術革新的大浪潮，進行新型
的國家建設。

（1956 年《經濟白皮書》）

閃亮於世界舞臺

1. 解除一切保護政策，衝向經濟競爭的浪潮

就文化素養而言，日本人應該是世界上受到高等教育最
多的民族，這個條件非常有助於進行技術革新。

戰前，日本兒童的就學率非常高，而戰後教育制度的改
革進一步地增加了兒童的就學率。另外，戰後還設立了許多
大學，儘管水準並不很高，但是還是培養了許多優秀的技術
人員。不管是對農業的技術革新，還是對工業的技術革新，
革新的成功離不開這種高水準的教育。

另外，在戰前的 10 年，日本因為戰爭而拼命地開發技

40　數量景氣：指一些資本主義國家，物價不變，隨著交易額的增加使企業收益增
　　加的現象。

術，也累積了大量的財富，例如鋼鐵、車輛、半導體收音機等電子技術是非常具有代表性的。

從 1958 年到 1959 年，這種革新的技術有了一定的衰減。可是從 1960 年開始，實行了非常著名的「所得倍增計畫」，於是人們開始熱衷於技術革新，到 1961 年，民營企業的設備投資已經占據 23% 的國民生產總值，這種狀況是不平常的。

「所得倍增計畫」是日本政府在 1960 年制定的長期經濟計畫，計畫在 10 年間使國民生產總值翻一番。它停止了曾經存在的外匯分配和匯兌統制，使日本大致轉入了自由體制，因此這個計畫旨在透過設備投資來推進技術革新，提高生產率，並增加出口競爭能力。

抗高壓的日本摩托車
為了測試摩托車的抗壓性能，生產公司特別請了兩位體重為 300、259 公斤的大力士來試騎。由於把關嚴格，日產商品逐步在世界上贏得「品質上乘」的口碑。

　　一方面，實行自由化是為了使日本和歐洲的貿易關係進一步加深。此時，西歐各國依然對從共產主義和日本的進口進行限制，而這種限制是針對日本限制從西歐進口的做法。另一方面，日本過去屬於入超的國家，可是 1959 年開始，日本的出口量超過了進口量。

　　這些情況都深刻地表明日本在經濟上已經獨立自主了，所以，日本應該停止一切保護措施，不能再站在原點，應該加快腳步衝向經濟競爭的浪潮。

2. 熟悉戰後窘境的國人好似在夢境中實現了「所得倍增計畫」

　　日本在經濟基礎薄弱，外匯和黃金儲備不足，以及不可以任意增加出口的條件下，為了發展進口經濟而採取了對貿易和匯兌統制的保護政策。

　　這種政策就猶如一個溫室，保護著日本國內產業。如果沒有這層保護，就變成了自由化。在「所得倍增計畫」中進行的設備投資和提高生產率就是為了增加拆除這種保護的力量。「所得倍增計畫」在國人的努力下獲得了成功。日本經濟在資本集中的大工業方面，在那個時期已經達到世界一流的水準，尤其在煉鐵、造船、車輛、電視機、照相機、收音機等領域，工人的月薪資大體上等同於西歐的平均值。

　　日本的造船和摩托車的產量占據了世界第一位，照相機、收音機、軸承、鐘錶的產量是世界第二位，鋼鐵占第三位，而其中的造船業充分展現了日本經濟的優越。

　　日本擁有大量受過大學教育的技術人員，這樣自然提高了工人的生產效率。他們採用接合等新技術，用電腦制訂造船的預定計劃，不僅可以掌握哪一天下水，還能夠確切地知道幾點鐘下水。對於走過那個戰後窘困年代的人們，這一切就像是在做夢。然而，日本經濟的獨立，正是建立於那種艱苦的環境之中。

　　非常巧合的是，日本的大藏大臣池田勇人為了使日本經濟獨立而採取了艱苦的措施，而他作為總理大臣又斷然實施了使日本能夠經濟自主的最後措施。

第五章
奇蹟之後的理想

敗而不餒的精神

1. 採用光明磊落的姿態對待占領軍指示而取得的成果

從某種意義上來說，日本在戰後完成的復興與發展，是日本明治時期偉大精神的再現；從另一種意義上看，這一復興也是明治時代日本偉大事業的繼承與結束。

戰後，日本以驚人的速度發展了經濟，趕上了西歐國家，這一切都是明治時期前人們所夢想的，而且今天的成果依靠了自明治以來很多人的努力以及在歷史長河中形成的日本國民的素養。戰後日本人發揚了明治時代同樣的國民素養，而且同樣地生逢其時。

戰後的日本，與明治時期的日本一樣，都受到巨大的挑戰，並進行了大膽的改革和行動。

所有的文明都包含著冒險精神。當明治時期日本人面臨外來文明的壓力與陌生，他們無所畏懼地放棄了自己的喜好，吸納了外國的文明。

同樣在戰後，在面臨戰敗和被占領的狀況下，日本人沒有虛偽地對待占領軍，而是認真地以一種坦蕩的姿態對待占領軍所指示的巨大改革，並在改革中努力尋求重建日本的措施。

從容面對當前的危機 歌川豐國 1852 年
日本素來就有進行自我修養的文化傳統。四武士為主人源賴光抵禦蜘蛛精時所表現
出的從容鎮定正表現了日本文化所推崇的「泰山崩於前而面不改色」的大勇氣。戰
敗後的日本表現出同樣的氣慨，在種種難以想像的困難面前，仍然保持相當的冷靜
和自持。

快樂的日本人

實際上，日本人的堅忍遠比樂天精神更加聞名。他們一旦確立目標，就絕不會輕言放棄，而辛辛苦苦得來的成功確實是會令人感到由衷欣慰的。

日本人之所以可以這樣，是因為他們沒有對自己的錯誤灰心。他們努力地面對現實，毫無怨言、孜孜不倦地工作。

就像武士階層攘夷失敗後，學習西歐的優點，毅然開港，戰後的日本人也學習了敵人的優越。

雖然並不認可占領軍的一切，然而，日本還是承認美、英擁有優越的文化。從這一點上說，日本是歷史上一個「好的戰敗者」。

2. 在進取精神和競爭精神指引下的樂天主義帶來的成果

就像上面所講，日本人之所以可以這樣努力，正是因為他們內心深處永遠存在著樂天主義式的希望之光。

戰後的二、三年是日本歷史上最黑暗的日子，但是卻依然有希望的火光。就算在公職人由於無家可歸而在辦公桌上睡去，早晨一起來又為了糧食問題頭痛的時候，他們依然堅信日本未來的光明。

同樣，即使因為沒有教室而在露天授課的教師們依然是最好的教師，那是因為他們信奉只有教育才是重建日本的原動力。

勤奮的力量以及有特色的進取精神和競爭精神，促使日本人永遠奮進，並且在奮進的途中，日本人將自己置身於世界的大環境內，努力地汲取世界的優越。

　　戰後，日本派向各地的留學生，就像明治時期那樣，求知慾旺盛，並取得了優異的成績。

　　他們欣賞積極工作的美國人、英國的政治安定、生產優良福斯汽車的德國，農業生產率高的丹麥。在回憶和對照之後，他們決心學習那些日本所缺少的優點。

　　就算日本人有時候表現得有些急躁，然而因為他們具備樂天主義的性格，仍能一直保存著銳氣，也正是這種進取精神使日本充分吸納了二戰以後出現的技術革新。

校園一角

「經濟起飛,教育先行;教育起飛,投入先行。」重視教育和國民素養,為日本戰後重建帶來了莫大的推動作用。走入日本任何一個城鎮和村落,各類學校永遠是當地最好的建築,校園也修建得格外寬廣整潔,足見國民整體對教育的重視程度。

3. 轉變戰前不利的條件，使之成為有益的東西

因為美國有富布賴特[41]那樣的官方獎學金，以及格魯[42]那樣的私人獎學金，因此日本的留學生多半到了美國。這些是美國賦予日本寶貴的禮物。

美國還給予日本糧食和工業原料等各種援助，幫助了日本的復興。

另外，雖然日本各個領域的改革曾產生一些社會混亂，但是最終也為日本的復興做出了貢獻，最好的例子就是土地改革。

最重要的還是日本人富於好學的精神。明治時代也好，戰後也好，教育賦予了日本人巨大的力量，這也是在歷史中形成的日本國民的特性。

教育在實現現代化的過程中發揮了重要的作用，這也是日本現代化最大的特點。正是因為有優越的教育制度，明治時期人們才能夠學習到西方的新技術，並從教育中得到鍛煉，很好地應付所有的困難和危機。

教育也給戰後復興帶來了重要的力量，雖然在戰爭中，日本失去了許多財產，但是人的能力卻沒有喪失。

教育改革肯定會帶來一些弊端，可是它也產生了一些很

41　富布賴特：曾任美國肯色州的民主黨參議員。

42　格魯：自 1904 年，長期擔任美國駐外使節的工作，著有《滯日十年》等著作。

好的效果。日本高品質的勞動力令人羨慕，這正展現了這種
效果。

　　當然，日本經濟復興與發展，也有著幸運的原因，例如
當日本經濟即將上升的時候，韓戰爆發了，擴大了日本的
出口。

　　然而日本的幸運還表現在那些在戰前被認為對日本不利
的許多條件，在戰後卻一一改變了，以一種巨大的有益的形
式表現出來。

4. 缺乏天然資源，可是擁有以沿岸運輸為主的生產手法

　　戰前，日本是一個狹窄的島嶼，而且擁有大量人口。缺
乏天然資源，這是日本最致命的缺陷。由於這些原因，在戰
前日本軍人們不擇手段想要保存滿洲，戰後一些經濟專家也
預言日本會長時間為了貧窮而痛苦。

建立運輸網路

節約是日本崇尚的美德之一，既然天然資源稀缺，便在節約運輸成本上用盡腦筋。通暢發達的海運，再加上有效的鐵路幹線，便輕鬆地將全國許多經濟活動有組織連結在一起。

　　然而，這些缺點都變成了一種幸運，並逐漸變得明顯起來。

　　日本是一個形狀細長而狹窄的島嶼，這種地形給運輸帶來了兩方面的好處。其一，將沿海岸線的鐵道和公路修建好以後，就可以成為發展生產事業的便利的運輸手法。其二，在鐵路幹線周圍集中重要的生產活動，可以減少資金，把許多生產活動緊密地聯繫起來。

　　在德川時代，日本人就是這樣發展了沿岸運輸，從而建立了全國的經濟網，並在明治時期發揮了重要的作用。

　　這種從古代就發展起來的沿岸海運以及明治以後鋪設的鐵路，在明治時期成為日本發展工業化的運輸手法。

　　隨後，日本的鐵路事業繼續發展，那時候許多先進工業國家的鐵路已經開始沒落，可是日本的鐵路一直發揮著它自己的重要作用。

　　最近，日本新建了新幹線鐵道，3個小時就可以從東京到達大阪，這正是日本人學以致用的表現，以外國技術為基礎，創造出更加進步的東西。

空氣中的螺旋　查理斯·席勒　1953 年
二戰之後，飛速發展的工業一度是科技、財富與智慧的美好象徵，而放開眼界的日本在比較與反思中，敏銳地抓住了「發展工業」這一提升國力的絕好思路。

5. 優秀的勞動力和降低供應原料的配合

　　另一個優勢展現在同外國的貿易上。日本擁有著很長的海岸線，有著優良的港口，並且日本的山脈多、平原少，日本的城市和工業都集中在海岸上。

　　這種情況使日本的對外貿易容易利用船舶進行大量運輸，隨著大型油輪和各種專用船舶的普及，這種優勢愈發明顯。世界貿易更加自由化後，也進一步擴大了這種優勢。

　　另外，初級產品的重要性的降低對於缺乏原料的日本也是一件極其幸運的事情，例如橡膠，戰後隨著各種物質成功的研發，於是縮減了對橡膠這種原料的需求。

　　地下資源得到開發與發展後，獲得了大量的鐵礦石和石油等，從而使日本這樣的買方處於有利地位。這樣，日本就不必再擔憂國內資源缺乏的問題。

　　日本擁有大量的人口，但是因為這是一群非常優秀的勞動力，人口再多也不是問題，而且作為經濟單位來說，一億的人口是剛好適中的。

　　此刻，日本又增加了另一種暫時的因素。戰後的日本，由於士兵的回國，一時間提高了出生率，然而隨後節育等措施的實施又降低了出生率，這樣日本人口占據重要地位的不是幼兒，而是許多青年。這是一種暫時的，但卻非常有利的現象，也是日本能夠將大量的國民生產總值用於投資的因素之一。

　　戰後的日本遇到了這樣的幸運，同時由於日本國民勤奮努力、積極進取的精神，使他們將這些戰後的不利因素轉變為了一種幸運。

　　日本以自身的經驗證明了「天助自助者」這句諺語。

　　戰後的經濟發展，政治上的貢獻並不是最重要的。政府只是單一地採取幾項重要的措施：在戰後決心實行自主，並強迫國民過艱苦的生活；在簽訂合約的前後，堅持把重點放在建設日本經濟之上。

　　根據這些措施，日本把精力放在了國內堅實可靠的發展建設當中，為進一步的發展打下了基礎。

嶄新的理想和未來的目標

1. 擺脫已開發國家的援助，和開發中國家建立合作的關係

　　日本就是如此地復興和發展起來的。

　　我們可以為我們自己而自豪，可是我們不能為這點成績而驕傲。因為，隨著日本的發展和實力的增強，它所擔負的責任不再是那麼簡單，反而更加沉重。

　　1950 年，我在進行合約談判的時候，堅決反對重整軍備，希望先要完成日本經濟上的發展。在那個時候，這是唯一明智的選擇。

　　但是如今，日本國內的許多情況都發生了改變。經濟方面，日本已經能夠自主，擺脫了期待他國援助的局面，反而可以和開發中國家進行合作。

　　在防衛方面，日本似乎也將結束依靠別國力量的階段。從自由世界各國的情況去分析，他們也都希望盡到自己的責任，為了世界的和平和繁榮而努力。

　　如果日本一直繼續著戰後艱苦情況下不得不採取的政策，那麼，會有很多人這樣議論日本：日本賺了太多的錢，卻在國際關係中一點也不合作。

不懈的幹勁

儘管做出了足以使人自豪的成績，但日本人民並未因此丟棄一貫的吃苦耐勞的精
神，仍舊勤勤懇懇地工作在各自的崗位上。

　　此刻，最大的難題是日本究竟要用什麼樣的方法來履行自己的責任呢？只是單單地增加軍備，也許不見得是最好的對策。最根本的方法應該是努力營造東南亞穩定的局面，然後以東南亞為基礎與中共溝通。

2. 未來的途徑 —— 與東南亞各國和中共進行經濟合作

　　東南亞最近幾年一直處於一種混亂的狀況之中，像是世界颱風的中心。因此，同東南亞各國的經濟合作對於日本就變得愈顯重要。戰後，日本和東南亞的貿易持續穩步地成長，如今已經達到 30% 的總出口額，幾乎等於對美國的出口額。

　　可是，東南亞國家並不是富裕的國家，從貿易上計算，日本處於出超的位置，因此，只有進行經濟合作才可以進一步增加出口。

　　有效地對別國進行經濟援助不是一件簡單的事情，但是如果一個人可以向別人友善地伸出援助之手，那麼總可以說明他自己是獨立自主的。

　　只是簡單地投入資金，不可以算作援助；僅僅注重經濟方面而忽視政治關係，其結果也無法很好地完成經濟合作。如今隨著援助工作的開始，日本肯定會遇見更多的苦惱和挫折，也許會經歷更多的失敗。

另外，同東南亞各國處好關係，不僅僅是簡單地和這些國家相處，還要借助那些所謂太平洋各國的力量。日本必須同時處理好與紐西蘭、加拿大、南美、澳洲等國家的合作關係。

在國際社會中，與中共的關係是日本所擔負的責任中最困難的。中國從古代開始就是非常奇怪的。它是東方最優秀的民族，可是從來就不能適應世界局勢，偏偏把自己孤立起來，奉行一種孤立的中華主義，走向一條孤立的道路。

可是，中國也不會一直繼續保持現狀，因此，日本不可以把中國視為敵對的國家，而要以一種友好的態度去引導它。不過中共總是認為他們的國家最偉大，這樣一個驕傲的國家，與它交往也是困難的。

3. 日本已經認識到自己的責任，並且將以此為目標而努力

從某種角度來說，現在的日本和日俄戰爭後的日本很相似。

當時，隨著日俄戰爭的勝利，明治初期國民所期待的目標已經達到。如今日本的現狀也是如此，戰後開始進行的政策取得了令人滿意的結果。

小鷹號航空母艦

正如吉田茂所陳述的，隨著國力不斷增強，日本愈來愈渴望在國際事務中扮演更積
極的角色。近年來不斷擴充軍備正是這種願望的表現，但其周邊曾深受日本軍國主
義傷害的國家卻又不得不為它的舉動感到憂慮和擔心。

可是，日俄戰爭後的日本試圖尋求新的理想，誤入歧途，最終犯下了錯誤，以失敗告終。日本人現在必須清醒地認清自己，如果逃避自己的責任，不去尋求更能夠發揮自己卓越能力的理想，那麼也會有同樣的危險出現。

可是如果說目前的狀態是一種精神上的混亂，是沒有道理的。有人說，日本在物質上得到了繁榮，可是精神上卻沒有復興。

這樣的話不能說是正確的。戰後，日本人的確有過絕望和失魂落魄的精神狀態。那是因為在戰爭期間，使命感極其強烈的日本人走向了不相信一切的極端，而戰後的一切變化，又容易使人格外迷惘，社會才出現了動盪。

可是逐漸地，日本人恢復了自信，可以堅強地從戰敗的打擊中站起來。如果說今天的日本人沒有使命感，那也是自立後的日本人處於躊躇滿志的狀態的表現，同時也是對過去熱衷於使命感的一種思考。

在今天的世界，能夠正確地認識自己的使命，並努力實施，不是一件簡單的事情。

雖然日本人遇到了失敗。可是回首看那過去的 100 年取得的傲人成績，回顧艱辛而驚人的歷史，日本人會逐漸發現自己應該去做些什麼事情。

展示日本的新形象

經過近百年艱苦卓絕的努力，日本擺脫了落後的地位，躋身於世界強國之林。它渴望用自己的聲音告訴整個世界：日本重新站起來了，而今後還將做得更好！

刀劍下的政治　長尾安　1960 年

1960 年 10 月 12 日，大力促進日中友好的日本社會黨主席淺沼稻次郎在演講時被極右分子山口男也刺殺。雖然吉田茂對日本的未來懷有滿腔期許，但誰也無法預料至今仍陰魂不死、且日益抬頭的軍國主義右翼勢力最終將把日本帶向何方？

　　日本是一個充滿冒險精神的民族，日本人的眼光絕不狹隘，不會只局限於日本這個範圍。明治天皇的那五條誓文就充分表達了日本人的進取精神。

　　今天，對於日本最重要的是：懷有理想，將自己置身於世界舞臺中，找到自己的位置。

第五章　奇蹟之後的理想

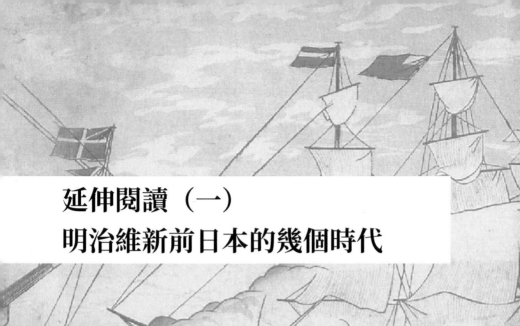

延伸閱讀（一）
明治維新前日本的幾個時代

一、大和時代

1. 古墳時代

　　古墳時代（Era of Great Tombs），又稱大和時代，是日本繼彌生時代之後的時代，從西元 300 年開始，迄於西元 600 年，因當時統治者大量營建「古墳」而得名。古墳的分布基本上遍及本州南部，以奈良、大阪的大和盆地為主，北海道則未發現。這一時期的墳墓為巨大的穴式土堆，四周有壕溝，「前方後圓」形式的墓制最具代表性，墳的周遭圍繞著中空的黏土塑像，這些筒狀土製人偶可能是殉葬用的，稱之「埴輪」。建築這些墳墓需要花費大筆金錢，只有少數的統治階級能夠負擔，目前發現有七十一座，鑰匙孔形的古墳最常見。大阪的大山塚，又名「仁德天皇陵」，據悉為全世界最大的古墳。古墳裡通常有許多銅鏡、珠寶等物品，到了後期，古墳裡還有兵器和盔甲。

　　古墳時代分為前期、中期、後期。從 8 世紀初開始，火葬流行，古墳逐漸式微，並開啟了佛教建築的時代。日本最早的史書《古事記》、《日本書紀》也於此時相繼編成，從而進入日本的歷史時代。

2. 推古天皇

推古天皇（554 —— 628 年），日本歷史上的第一個女天皇，第 33 代天皇，是第 29 代欽明天皇的女兒，也是第 30 代敏達天皇的皇后。第 31 代用明天皇是她的哥哥，第 32 代崇峻天皇是她的異母弟。可見她在天皇家族中的地位是很高的。儘管當時皇位繼承的候選人不止她一人，還有其他男性皇位繼承候選人，但最終還是她繼承了皇位。這當然還受非她不可的形勢所迫。

當時，豪門蘇我馬子倚仗他的勢力淩駕於朝廷之上。第 32 代崇峻天皇是蘇我一族的傀儡，由蘇我馬子推舉即位。但後來與蘇我馬子的關係惡化。即位僅 5 年時間，蘇我馬子就暗殺了不服從他旨意的天皇。當時政界混亂，大家都懼怕蘇我氏的權勢，無人敢繼承皇位。

在大和朝廷時代，如果一時男性天皇就位困難，可臨時由皇后執政。根據這一傳統，大臣就推舉敏達天皇的皇后即位。她即位的另一個理由是，她的母親是蘇我馬子的同父異母妹，這樣，她融天皇家族和蘇我家族的血統於一身，為了維持雙方勢力的平衡，他們認為她是天皇最合適的人選。她於 592 年登基，時年 38 歲，其丈夫敏達天皇已過世。即位次年，她立了哥哥用明天皇的兒子，廄戶皇子為皇太子，即後來的聖德太子，令他執政，自己幕後聽政。

　　但是推古天皇不能被視為傀儡或機器人。聖德太子在女天皇的威望和保護下，陸續實現了討伐新羅、制定「十二階冠位」，發布《十七條憲法》，與中國（隋）建立外交關係等。同時聖德太子重視佛教，在全國建造很多寺廟並進行佛經的研究和編寫等，使得文化史上的推古時期開創了新的紀元。這一時期又叫做飛鳥時期，產生了許多優秀的佛教藝術。

　　在把佛教當做國政之本的背景中，既有聖德太子的高尚品德和預見性，也不能忽視推古天皇的因素，即孕育生命的母愛式的良心在起作用這一事實。

　　推古時期是日本歷史上從蘇我氏為首的原始氏族社會脫胎出來，過渡到以天皇為中心的律令制國家的大變革時期。這一歷史性的大變革不是靠武力，而是以和平方式解決的。其成功的原因，並不全在聖德太子一人的善政。推古天皇的女性溫柔和母性的胸懷，以及對方方面面的周密關照，維持了各派政治勢力的平衡，是政局穩定、保持和平的主要原因。

　　根據《日本書紀》所記載，推古天皇姿容端麗，舉止端莊大方，是一位優雅聰慧的女性。她於 628 年去世，享年70 多歲。她的陵墓在大阪府南河內郡太子町，叫做磯長山田陵。

3. 聖德太子

蘇我氏的權柄，並未因推古天皇的即位而更加穩如泰山，推古天皇根本不買親舅舅蘇我馬子的帳。蘇我馬子曾經請求受賜葛城的領地，但是女王推託說：「我是蘇我家的女子，對舅舅提出的要求，從來晚上提出的不會等到天亮，白天提出的不會拖到天黑，總會盡快辦理。但此次舅舅的請求太過分了，如果今天無故割取縣邑下賜，後代國王必會罵我是愚癡婦人君臨天下！」婉拒了蘇我馬子的無理要求。

女王即位的第二年，冊封用明大王的遺子廄戶為東宮，同時授予他「攝政」的頭銜，用意大概是想分奪蘇我氏的權柄吧。廄戶素有賢名，既虔信佛教，也仰慕中國尊王大一統的思想，從某種意義上來說，他的理想和蘇我馬子是殊途同歸的。然而馬子只知道擅權，廄戶卻希望從根本上改革舊制，建立全新的國家體系。後世尊稱廄戶為聖德太子。

聖德太子生活的時代，日本朝廷圍繞著信不信佛教問題，分為兩派爭吵不休。西元 552 年，百濟國聖明王為了改善與日本的關係，派使節到日本，把佛教經典與佛像送給欽明天皇，信中大力推薦信佛教的種種好處。日本神道是沒偶像的信仰。日本朝廷對聞所未聞、見所未見的佛像產生極大的興趣。當時日本正處於豪族聯合政權體制時期，天皇一苦於權力受制，二苦於信仰不統一，於是，想借對佛像的崇

拜來提高對天皇的崇拜，同時還希望靠佛教來統一信仰。可是，欽明天皇又怕信佛教會衝擊日本人的神道信仰，引起社會的不穩定，再三考慮的結果，終於把信不信佛教問題提出來徵求朝臣們的意見，朝臣對這個問題展開了激烈的辯論。蘇我氏站在天皇一方表示同意，認為「西蕃諸國皆崇而敬之，吾等不宜背之」。物部氏為首的一派則以「改拜蕃神，恐致國神之怒」為理由堅決反對。這場信仰上的爭論與權力之爭結合起來，從欽明天皇時期延續到用明天皇時期，歷時近 40 年之久。

西元 587 年，在用明天皇死後不到兩個月，蘇我馬子利用自己是皇親國戚的有利條件，扶其外甥上臺，稱崇峻天皇，然後假借皇命派兵消滅了物部氏一族，控制了朝政。聖德太子是蘇我馬子的女婿，又是蘇我馬子的外孫，在信仰之爭中他站在蘇我馬子一方，並參與了消滅物部氏一族的軍事行動。新上臺的崇峻天皇看不慣蘇我馬子的飛揚跋扈，不願受其擺布而被殺。蘇我馬子接受這次教訓，不想再立皇子為天皇，改而立容易操縱的女子為天皇。故敏達天皇的皇后（已故用明天皇之妹）被選上，號稱推古天皇。蘇我馬子同時扶植其女婿聖德太子為攝政。當時日本朝廷盛行儒學，而日本社會又在宇宙觀等領域受道教的影響極深，所以，當時一般皇家子弟都不同程度地受儒學、道教的影響。聖德太子

是其中最為突出的一個。他 19 歲任攝政後，胸中常懷大志，想大幹一番，旨在加強王權。開頭的 8 年，他因初掌權，還不敢太放手行事，基本上執行蘇我馬子推行的興佛教、學儒學的政策。聖德太子先以推古天皇的名義發詔書鼓勵朝臣「興隆三寶」（佛教），後又蓋了法隆寺、四天王寺等 7 座寺廟。在他的帶動下，飛鳥之地出現了佛教文化興旺的局面，開創了飛鳥文化時代。

推古九年，即西元 601 年，聖德太子為了擺脫蘇我馬子的控制，搬遷到飛鳥宮西北之地，蓋了斑鳩宮（位於今法隆寺東院傳雲堂處），在此地開始對舊制度進行了大刀闊斧的改革。他運用他對儒、道的造詣，參照儒學經典中的某些觀點和詞句，還用道教的宇宙觀並結合佛教經典，再參照大陸皇帝體制，對內制定了「憲法十七條」，並設「冠位十二等」，對外則改變過去的強硬外交路線，制定了睦鄰友好的外交政策。聖德太子想透過以上的內外改革，提高天皇在法權、人事權、政治權、外交權等方面的地位，逼蘇我氏退讓，改豪族聯合政權制為天皇專政制。

「憲法十七條」最集中地反映了聖德太子的政治思想。「憲法十七條」重點放在「和為貴」、「崇君」、「公正」與「尊三寶」上。「和為貴」是為了緩和豪族之間、豪族與皇族之間的矛盾。「崇君」是為了樹立天皇的權威，要求大家

服從天皇的意志。「公正」是為了讓官員服從天皇統治秩序。「尊三寶」是為了統一信仰，統一思想。

對外政策則改以往的強硬外交政策為睦鄰友好政策。聖德太子視隋朝為「禮儀之邦」，乃派大使出使隋朝，與中國加強友好往來，同時借機改變日本對大陸政權歷來的屈從關係，以平等的地位往來，借此機會提高日本的國際地位，顯示天皇有能力。他在派小野妹子為首任使節時對他說：「我為什麼派你去隋朝？這是因為我想把日本建設成為以天皇為中心的君主國家。這就要君與臣、百姓要有清楚分明的界線。蘇我一族的專權跋扈，我已無法忍耐。這就要拿出東西來顯示天皇的實力。最好的辦法是透過與強大的鄰國建立平等的關係，來改變過去的屈辱地位，使天下人都心服。首先要讓蘇我馬子甘拜下風。你明白嗎？」國書的前言中寫道：「東天皇敬白西天皇……」小野妹子攜帶這份國書時，憂慮重重，深怕惹隋煬帝發怒，弄得不好生命難保。隋煬帝接到國書時，一時感到無法接受，又不便當場發火而退朝了事。他考慮到他當時的國內處境，只好默認了中日對等關係。

4. 飛鳥文化

飛鳥時代，約始於西元 600 年，止於遷都平城京的 710年，上承古墳時代，下啟奈良時代。此期以政治中心為奈良縣的飛鳥地方（即當時的藤原京）而得名，較為重大的事件有聖德太子改革、大化革新等。

飛鳥文化的歷史分期比較模糊，上承古墳文化而下啟奈良文化，時代特徵很難把握，具有過渡時期的複雜色彩。

這一時期寬泛一點，涵蓋佛教公傳（538 年）至平城遷都（710 年）近 200 年；緊湊一些，專指推古（592 年即位）、舒明、皇極（645 年退位）三朝。有些學者在古墳時代的尾聲中略加描述，有些學者在奈良時代的前奏中匆匆帶過。此外，美術史家習慣以大化革新（645 年）為界，將之斷為飛鳥時代和白鳳時代。

飛鳥時代與此前的古墳時代相比，攝取大陸文化從物質技術轉向思想制度，有了質的飛躍；與其後的奈良時代相比，生成文化的手法以生硬模仿為主，尚缺乏靈活的創意。

5. 大化革新

日本的社會政治變革運動，發生於 645 年，因此年為大化元年，故名大化革新。593 年，聖德太子攝政後實行的推古天皇改革，初步確立中央集權制和皇權中心思想，削弱了

氏姓貴族奴隸主的保守勢力。但改革沒有觸動部民制，更未摧毀氏姓貴族勢力。聖德太子死後，外戚蘇我氏專權，蘇我蝦夷、蘇我入鹿父子排斥改革勢力，殺死聖德太子之子山背大兄王，另立天皇。640 年，聖德太子派到中國留學 30 多年的高向玄理、留學僧南淵請安歸國（此前僧旻已於 632 年歸國），他們帶回隋唐的封建統治制度和思想文化，並傳授給皇室貴族，為日本的封建化提供了思想基礎。

在經濟方面，廢除部民制，建立班田收授法與租庸調法。「罷昔在天皇等所立子代之民，處處屯倉及別臣、連、伴造、國造、村首所有部曲之民，處處田莊。」廢除了皇室的屯倉，貴族的田莊以及部民，收歸國有，成為「公地、公民」。在此基礎上實行了班田收授法與租庸調法。班田六年一班，即政府每隔 6 年，班給 6 歲以上的男子口分田 2 段，女子為男子的 2/3，私奴婢為公民的 1/3，公奴婢同公民數。受田人死後，口分田歸公。班田農民擔負租庸調。租，即實物地租，受田每段交納租稻 2 束 2 把。庸，是力役及其代納物，凡 50 戶充仕丁 1 人，50 戶負擔仕丁 1 人之糧，1 戶交納庸布 1 丈 2 尺，庸米 5 鬥。調，徵收的地方特產，分為田調、戶調、付調。田調按土地面積徵收。田 1 町徵收絹 1 丈、絁 2 丈、布 4 丈。戶調按戶徵收，其數量為「1 戶貨布 1 丈 2 尺」。付調隨各鄉土特產徵收。

在政治方面，建立中央集權天皇制封建國家。新政權建立不久，為了樹立中央集權的指導思想，天皇在大槻樹下召集群臣盟誓，「天覆地載，帝道唯一」。649 年下詔，令國博士高向玄理與僧旻「置八省百官」，建立中央機構。地方設國、郡、裡，分別由國司、郡司、里長治理。「八省百官」制和國郡裡制均受唐朝的三省六部制和州縣制的影響。兩者雖在形式上有差異，但其性質都是中央集權的行政體制。647年，制定七色十三階冠位。兩年後又制定十九階冠位。對於大夫以上的貴族賜予食封，以下的給予布帛，作為俸祿。

大化改新為日本確立了一套在當時頗為先進的管理體制，使日本社會環境穩定，社會經濟得到發展，為以後的繁榮奠定了基礎，是日本由奴隸社會向封建社會過渡的標誌。

6. 壬申之亂

壬申之亂是發生在天武天皇元年（672 年）的日本古代最大規模的內亂。一方是天智天皇的太子大友皇子（明治三年 1870 年，追封為弘文天皇），另一方是得到地方豪族相助而扯起反旗的天智天皇之弟大海人皇子（日後的天武天皇）。結果大海人皇子獲勝，是日本歷史上少見的叛亂者勝利的例子。天武天皇元年的干支紀年為壬申，故被稱為壬申之亂。

　　660 年代後半期，遷都於近江宮的天智天皇冊封同母弟大海人皇子為皇太子（《日本書紀》記載為「皇太弟」。另有說法認為所謂的「皇太子」、「皇太弟」是壬申之亂的勝利者大海人皇子編纂《日本書紀》時編造出來的）。但是，天智天皇十年十月十七日（671 年 11 月 26 日），天智天皇又任命自己的兒子大友皇子為太政大臣，開始顯露有立大友皇子為繼承人的用意。之後，天智天皇病倒。大海人皇子推舉大友皇子為皇太子，自己則申請出家，退回吉野宮（今奈良縣吉野）。天智天皇同意了大海人皇子的申請。

　　十二月三日（672 年 1 月 10 日），天智天皇在近江宮去世，享年 46 歲。大友皇子繼承大統，此時還未滿 24 歲。

　　672 年（陰）五月，舍人朴井雄啟告急，大友皇子以修築山陵為名，在美濃、尾張募徵壯丁，於京畿招兵買馬，武裝待發。又據大友皇子妃十市皇女向其父大海人告密，近江朝廷策謀進犯吉野。

　　672 年（陰）六月，大海人先發制人，先遣村國男依、和餌部君乎、身毛廣等急赴美濃，聯繫各國郡司。繼而，大海人皇子率部眾二十餘人離開吉野，經由伊賀、伊勢，逃往美濃。在美濃，聽從於大海人皇子指示的多品治已經興兵，封鎖了不破要隘。動員了東海道、東山道兩道諸國的兵馬，不滿朝廷者紛紛來歸，隊伍迅速擴充至數萬人。

　　進入美濃後，聚集了東國來的兵馬的大海人皇子在 7 月

2 日（8 月 3 日）兵分兩路，進攻大和國、近江國兩方。

近江朝廷的大友皇子一方，向東國和吉備（當時的日本國名，後來被分為了備前、備中、備後、美作四國）、築紫（九州）派出使者，要求進行兵力動員。向東國派出的使者被大海人皇子一方的部隊所阻，吉備和築紫的兵力沒能動員起來。大友皇子一方只有集中附近幾國的兵力。

大海人皇子離開大和（譯者注：吉野宮屬於大和，現代的奈良縣，也大致相當於律令制的大和國）之後，近江朝廷在倭京（飛鳥時代的古都）聚集了兵馬，大海人皇子一方的大伴吹負舉兵後，奪取這支兵馬的指揮權。大伴吹負與從西、北兩個方向殺來的近江朝廷軍隊展開激戰。近江朝廷一方占了優勢，大伴吹負不敵，數度敗走。大伴吹負不斷收攏敗軍。不久，由紀阿閉麻呂指揮的來自美濃的援軍到達，大伴吹負才擺脫窘境。

近江朝廷的軍隊也殺向美濃，但由於指揮混亂，滯軍不前。大海人皇子一方的村國男依等率軍直進，大海人皇子的側翼部隊在七月七日（8 月 8 日）於息長的橫河與近江朝廷的軍隊開戰，連戰連勝。七月二十二日（8 月 23 日）的瀨田橋之戰（滋賀縣大津市唐橋町），近江朝廷軍大敗。第二日，即七月二十三日（8 月 24 日），大友皇子自殺，王申之亂結束。第二年的天武天皇二年（673 年）二月，大海人皇子建造了飛鳥淨御原宮，正式即位。

　　近江朝廷被消滅，天武天皇再次把都城遷往飛鳥（奈良縣高市郡明日香村）。

　　之後，為了恢復秩序而設立新的制度，即服制改革、八色之姓、冠位制度改革等。天武天皇比起天智天皇，在中央集權方面，更進了一步。

7. 白鳳文化

　　白鳳文化是指從 645 年大化改新到 710 年遷都奈良前一段時期的文化，由白雉年號（650 年～ 654 年）而得名。這一文化仍以佛教文化為中心，但前期受大陸六朝文化影響，後期受唐朝文化影響。天武天皇時期確立了以伊勢神宮為中心的神祇制度以及新天皇即位的大嘗會制度，同時大力保護佛教，實施佛教國教化，為此建造大官大寺、藥師寺等官寺，舉行講解護國經典法會。各地貴族也紛紛建立自己的氏寺，692 年時，日本全國共有 545 所寺院。作為白鳳文化的代表，當時遺留下來的代表性建築有藥師寺東塔、山田寺回廊等，雕刻有藥師寺金堂藥師三尊像等，代表性繪畫有法隆寺金堂壁畫、高松塚古墳壁畫等。另外還有大友皇子、大津皇子創作的漢詩作品以及額田王、柿本人麻呂創作的長短歌、和歌等，其作品收錄在奈良時代編撰的《懷風藻》和《萬葉集》中。

二、奈良、平安時代

1. 奈良時代

奈良時代（Nara Period），始於遷都於平城京（今奈良）的 710 年，止於遷都於平安京的 794 年，歷經八代天皇。元明女帝是奈良時代的第一代天皇。她死後，還有元正（女）、聖武、孝謙（女）、淳仁、稱德（原孝謙）、光仁、桓武。女人在奈良朝占了四代共三十年。聖武這一代幾乎是皇后光明子掌政，淳仁這一代也是上皇孝謙的天下。所以奈良朝可以說是女人的天下。

此時的奈良朝受中國唐文化的影響，又透過唐朝接受到印度、伊朗的文化，從而出現了日本第一次文化全面昌盛的局面。遣唐使、派往中國的留學僧和留學生在日本文化和美術繁榮方面，起著極大的作用。全國大興造寺、造像，堂皇的繪畫、華麗的裝飾藝術，今天仍見於奈良的寺院和正倉院寶物中。

這個時期由於國家極力保護佛教，因此，佛教文化，特別是佛教美術開始繁榮起來。如，7 世紀初期開創日本佛教文化的飛鳥文化；7 世紀後期獨具一格的白鳳文化；8 世紀中葉在唐代鼎盛期文化的影響下以寫實手法展現人類豐富情感的天平文化等等。

　　與佛教美術相媲美，這個時期文化方面的金字塔是《萬葉集》。《萬葉集》收集了 8 世紀中葉前約 400 年間，下至庶民上至天皇所作的大約 4500 首和歌，如實反映了古代日本人的樸素的生活情感。此外，現在還保存著的日本最古老的歷史書籍《古事記》（712 年）、最古敕撰歷史書《日本書紀》（720 年）、最古的漢詩集《懷風藻》（751 年）等等都是這個時期的文化遺產。

2. 藤原家族

　　藤原家族是日本歷史上的顯赫家族之一。從八世紀後期天皇遷都平安（即京都）以後，藤原家族操縱日本皇室約 300 餘年，權傾一時。但是藤原家族的權力和威望不是依靠勇武善戰，而是靠著無數政治謀略取得的。比如藤原家族將家中的女性成員嫁給天皇，這意味著藤原家族的外孫就是未來的天皇。結果，藤原家族的族長，無論在朝在野，都可以左右朝綱。藤原家族還利用佛教奪權，他們經常以虔信佛教的幾位元天皇出家修行為範例，勸說有獨立思想的天皇不理政務，出世隱退。藤原家族亦絲毫沒有忽視為他們的政治權力奠定堅實的經濟基礎。他們慫恿各地貴族將土地托庇於藤原氏名下。這一方面使土地所有者大大減少甚至完全免除納稅的義務，另一方面又使藤原家族得以將國家錢糧飽入私囊。

藤原良房（Fujiwara Yoshifusa）（804 年～ 872 年）是在位天皇的岳父，皇太子的外公。857 年任太政大臣。天皇死後，於 858 年扶立九歲的太子登基，是為清和天皇。藤原良房親任攝政，成為日本歷史上第一個非皇族血統而擔任此職的人。自他開始，藤原家族把持朝政達 300 餘年。此後，藤原家族每每說服天皇及早退位，而以幼童登基，以便使他們繼續行使攝政權。在其後的兩個世紀中，這樣的遜位竟達八次之多。藤原家族雖然沒有推翻或取代皇室，但是已經成為日本的實際統治者。不過，天皇到了法定親政年齡，是必須結束攝政的，因此藤原良房的侄子藤原基經建立了關白制度。

3. 天平文化

日本奈良時代以京城為中心的文化通稱。710 年（和銅三年），日本元明天皇奠都平城（奈良），至 784 年（延曆三年）遷都山城國長岡（京都西郊），是日本史上的奈良朝，其間 729 —— 748 年以天平為年號，以後又以天平感寶、天平勝寶、天平寶字、天平神護等為年號，是奈良時代的全盛期，稱為「天平文化」，又稱奈良文化。

從狹義來說，天平文化是聖武天皇統治的天平時期（西元 724 年～西元 748 年）的文化；從廣義來說，天平文化是

前代白鳳文化與平安初期弘仁文化之間的文化，即整個奈良時代（西元 710 年～西元 794 年）的文化。它深受盛唐文化的影響，可以說是盛唐文化在日本的移植。

自推古朝以來，朝廷一直保護佛教。推古朝時期寺院只有 46 所，到了持統朝（西元 690 年～西元 697 年）增至 545 所。在天平時期政府想借佛教的勢力，解決律令制下的社會矛盾，極力提倡以保佑國家為教義的最勝王經、仁王經、法華經。朝廷下詔建立國分寺與建造東大寺大佛。這時佛教已成為國教，寺院多數為官寺，寺中僧侶誦讀最勝王經、仁王經、法華經，祈禱國家平安。大約在天平勝寶三年（西元 751 年）以前，成立法相、三論、律、俱舍、成實、華嚴等所謂甫都六宗。宗並不是後來的教團，而是研究經論的學派。相傳法相宗的僧侶行基，在民間修橋、築堤，受到百姓的敬仰。

中國的儒學也被日本政府極力推廣。大學、國學以儒家經書為主課，用儒家思想培養各級官吏。天平寶字元年（西元 757 年）孝謙天皇下令，每家必備一部《孝經》，精勤學習。

日本政府為全面吸收唐朝文化，中央設大學，地方設國學，作為培養官吏的機構。大學招收五位以上官吏的子弟、東西史部子弟或八位以上子弟和國學生中出貢舉（選才薦

舉）者，定員為 400 人。教授的課程是明經（儒家經典）、明法（法律）、紀傳（歷史）、音、書、算等學科，其中以明經科為主。明經科專修經學，又分大經（《禮記》、《左傳》）；中經（《毛詩》、《儀禮》、《周禮》）；小經（《周易》、《尚書》、《論語》、《孝經》）各科。大學有大學頭、大學助、大允（允即丞，三等官）、小允、大屬（屬即佐，四等官）、小屬等官員。除大學外，中務省的陰陽案中設曆博士、天文博士，教授曆法、天文知識。宮內省典藥案置醫博士、針博士、按摩博士、藥園師，傳授醫學知識。

地方各國設立的國學，主要選拔郡司子弟入學，學員名額 20 至 50 人。教授的課程以紀傳科為主，官員設置與大學相同。

4. 平安時代

平安時代（Heian Period）是日本古代的最後一個歷史時代，從 794 年桓武天皇將首都從奈良移到平安京（現在的京都）開始，到 1192 年源賴朝建立鐮倉幕府一攬大權為止。在奈良朝末期，朝廷與貴族勢力之間的矛盾激化。為了削弱權勢貴族和僧侶的力量，桓武天皇於 784 年決定從平城京遷都到山城國的長岡（今京都市），在那裡籌建新都，命名為平安京，希望借此獲得平安、吉利、安寧與和平。由於平安

京於 794 年完工，故史家常把 794 年作為平安朝的開始（也有一說 784 年決定遷都的時間作為平安朝的開始）。平安時代的稱呼來自其國都的名字。

西元 781 年，桓武天皇（西元 781 年～西元 808 年在位）即位。為了推進改革，他在打倒僧道鏡而取得統治實權的藤原種繼（西元 738 年～西元 785 年）支持下，於西元 784 年遷都山城國（今京都府中南部）的長岡，離開了貴族和大寺院等守舊勢力盤根錯節的平城京。守舊勢力企圖加以阻止，將倡議遷都者藤原種繼殺害，但是大伴氏、佐伯氏、丹治比氏等陰謀分子旋即受到嚴懲。延曆十三年（西元 794 年），都城又從長岡遷到葛野，稱平安京（今京都）。從遷都平安至西元 1192 年鎌倉幕府建立的 400 年間，史稱平安時代。平安時代以後，京都仍是日本的都城，直至明治維新時。

桓武天皇積極維護法制，刷新地方政治。西元 786 年制定國郡司考績條例 16 條，用以考核地方官吏政績，打擊貪官污吏。延曆十六年（西元 797 年）新設勘解由使，責成其嚴格監督新任國司與前任的交接事宜，發揮整飭地方官紀的作用。另外任用有才能者為郡司，突破譜第禁區，還大力裁減編外國司郡司。

社會經濟制度方面也進行了改革。桓武天皇鑑於班田收授制度在其實施上存在著一系列問題，乃將班授時間從 6 年

一班改為 12 年一班。他還實行貸稻（出舉稻）制和改革良賤制度，將出舉稻的利率從 50% 降至 30%。西元 789 年承認良賤之間通婚為合法。良賤制度修改是從法律上取消奴隸制度的一個重要步驟，在此基礎上，10 世紀初醍醐天皇統治時期（西元 898 年～西元 929 年）終於法律明定廢除奴隸制。

在軍制方面，由於公地公民制在瓦解，公民兵制已行不通，延曆十一年（西元 792 年）桓武天皇乃廢除邊境以外各地的徵兵制，而代之以從郡司子弟和富裕者中招募的「健兒制」。桓武朝改革使農民的債務負擔和徭役負擔相對地有所減輕，奴婢逐步得到解放，這應視為班田農民和奴隸長期以來進行各種形式對抗的另一成果。

桓武朝的改革使封建國家的經濟軍事實力有所增強，天皇制集權國家的權威得以保持。自西元 789 年起，桓武天皇三次用兵東北蝦夷地區，第三次時任命阪上田村麻呂（西元 758 年～西元 811 年）為征夷大將軍，延曆二十一年（西元 802 年）田村麻呂率軍 4 萬往征，確保了北上川中游膽澤之地，在此築膽澤城置鎮守府；803 年又在膽澤城以北築志波城，從而鞏固了這個地區的封建統治。桓武天皇也曾向日本海方面出羽開拓疆土，勢力達到能代川流域。

5. 攝關政治

　　攝關政治是日本平安時代（西元 794 年～西元 192 年）中期的政治體制。是指藤原氏以外戚地位實行寡頭貴族統治的政治體制。「攝關」是攝政和關白的合稱。天皇幼時，由太政大臣代行政事稱攝政。天皇年長親政後，攝政改稱關白，輔助天皇總攬政事。原規定攝政由皇族成員擔任，但自藤原良房 866 年正式稱攝政後，始為外戚所專。自 866 年至 1086 年大約 200 餘年，史稱攝關時代。在此期間，雖然藤原把持朝政，權勢不斷成長，但攝政、關白之職卻時斷時設，反映了朝廷貴族內部的鬥爭。

　　858 年 8 月，藤原良房擁立年僅 9 歲的清和天皇，自己以太政大臣和外戚的雙重身分，代行天皇攝理政務，866 年任攝政。至 887 年，其子藤原基經改任關白，為攝關政治之始。891 年正月，藤原基經死後，宇多、醍醐兩朝近 40 年間未設攝政、關白，天皇親自視政。及至 930 年 6 月，朱雀天皇繼位，藤原基經之子忠平擔任攝政，941 年 10 月又改任關白，攝關政治再度恢復。949 年忠平死後，攝關政治又中斷 18 年。967 年 10 月至 1086 年的一百餘年間，是攝關政治的發展期。尤其是在藤原道長、藤原賴通父子時達到最盛，道長的四個女兒中，三個為後宮寵姬，一個為東宮妃。這期間的天皇大多是在藤原氏家出生、成長的，幼年即位，諸事

聽任外戚決斷，因而「攝政即天子」，「關白之府第無異朝廷」。攝政、關白家管理莊園的事務所，成為執行國政的中心，朝廷僅為臨時舉行儀典的場所。1086 年院政出現後，攝關政治隨之衰落，攝政、關白之職在鐮倉時代以後雖仍殘存，但已失去其原有的作用。

6. 承平、天慶之亂

天長二年（825 年），桓武天皇的孫子高棟王被降格為臣，賜以平氏，是為桓武平氏高棟流。到了寬平元年（889年），高棟王的侄子高望王（高見王之子）也被降格賜氏，是為桓武平氏高望流。當時高望王被任命為從五位下上總介，來到了廣袤的關東平原。

日本古代的行政區劃「國」分四個等級，即大國、上國、中國和下國，很多大國的國守都是由親王兼領的，並不常設，守的佐官「介」才是真正意義上的地方長官 —— 上總國正是如此，任上總介的高望王是上總國實際上的太守。

平氏勢力就此在關東諸國中膨脹起來。高望王死後，長子平國香統治常陸國，次子平良兼統治上總國，三子平良將統治下總國。平良將曾任鎮守府將軍，他的兒子就是有名的平將門。平良將去世後，由其兄平國香兼管下總國，但據說國香為人暴虐，統治不得人心，就此良將、國香兩個同源的家族矛盾日深。

　　平將門的莊園位於下總國相馬郡內，因此他也自稱相馬小二郎。據說從其父良將時代起，就在領地內捕捉野馬、改良配種，後來更直接成為了朝廷的養馬地，平將門繼承其志，逐漸訓練出一支戰鬥力相當頑強的騎馬武士團來。

　　當時朝廷權威未墮，地方勢力當然不可能在不和中央權貴打交道的情況下就稱霸一方。平氏也是如此，平良將曾把兒子平將門送上京去服侍左大臣藤原忠平，幾乎同時，他的競爭對手、平國香之子平貞盛也投到了右大臣藤原定方（也是北家，忠平的堂兄弟）門下。

　　平良將去世後，平將門回到了關東，他不斷擴充領地，甚至不惜和親叔父平國香、平良兼刀兵相見。承平五年（935 年），戰爭正式爆發，史稱「平將門之亂」。

　　首先死在平將門刀下的，是他的叔父平國香。此時平國香的兒子平貞盛還在京城，他自知即便回去家鄉，也無法和地頭蛇平將門相抗衡，於是強自按捺下怒火，寫信給堂兄弟平將門，說願意化干戈為玉帛。將門得信後，越發洋洋自得，囂張不可一世，又把矛頭指向了另一名叔父平良兼。

　　第二年六月，平貞盛回到關東，與平良兼合兵一處，共同討伐平將門。承平七年（937 年）八月，雙方在子飼渡和堀越渡兩處先後展開激戰，因為平良兼打出平氏一門總領的旗號，士氣低落的將門軍大敗虧輸。然而平將門的勢力並未

因此失敗而崩潰，他整頓兵馬，不久後就在弓袋嶺之戰中挽回了敗局。

　　這種耗時長久的拉鋸戰，使豐沃的關東地區處處燃起戰火，百姓流離失散。平貞盛一看短期內無法取勝，就輕騎上京，於當年十一月終於請得了討伐平將門的詔命。到了天慶二年（939 年），平良兼去世，平貞盛就以朝廷欽差和平氏一門總領的身分開始全權負責討伐行動。然而此時平將門已先後攻占常陸、下野、上野等國的國司衙門，勢力已經幾乎涵蓋整個關東八州。當年十二月，他甚至公然在下總國猿島稱帝，帝號「新皇」，宣布關東八州獨立。

　　平將門之亂所以會鬧出如此軒然大波，並非偶然事件。一方面，新興武士勢力希望能夠提高自己的社會地位，從那些他們所看不起的只知遊玩、吟詩卻無實際本領，腐朽到了極點的公卿手中，把政權搶奪過來；另一方面，百姓們也不滿平安朝日益衰弱的統治，想要對社會結構有所變革。平將門部分順應了這一時勢，加上他自己武力過人，英勇善戰，這才縱橫關東，屢屢取勝。

　　其實從奈良時代起，日本就開始了造神運動，說天皇家族乃是天照大神的傳人，是所謂「天孫後裔」，天皇是神，普通人是不能覬覦全日本君王的寶座的。不過巧在平將門也是天皇的後裔，所以他才自以為名正言順地僭號建國，自己也來過一把天皇癮。

幾乎與平將門叛亂同時，在日本西部還爆發了「藤原純友」之亂。藤原純友本是伊豫國掾（地方官名），任滿後不甘心卸職，反而勾結海盜，圖謀起事。天慶二年（939年），藤原純友忽率千艘戰船發動叛亂，襲擊淡路、贊岐兩國的國司衙門。朝廷下旨討伐，他向西退卻，進入九州的築前國，襲擊並占據了太宰府官廳。

平將門之亂和藤原純友之亂統稱「承平、天慶之亂」，傳說兩次叛亂是互相呼應的，兩人曾祕密約定，一東一西擴展勢力，然後同時向京城進軍，成事後平分日本。無論這種傳說是真是假，對於平安朝廷來說，這可真是前後夾擊，危機頻現。當時朝廷已幾乎無可用之兵，只能封官許願，利用地方武士團來鎮壓地方武士團的反叛，所以這兩次叛亂雖然最終被鎮壓下去，武士勢力不但沒有因此遭到削弱，反而更加膨脹起來。

7. 國風文化

國風文化包括 10 ── 11 世紀攝關政治時期的藤原文化及 11 世紀末到 12 世紀末院政時代的平安末期文化。

遣唐使停派、特別是唐朝在 907 年滅亡後，日本逐漸形成在吸收、消化大陸文化基礎上的獨特審美意識，並出現了展現其意識的假名文字、美術、生活及獨特性觀念。儘管從五世紀開始日本人就用漢字表述其發音，但假名字母到 11

世紀初才大體成型，並由此推動了以和歌為首的國文學的發展，這一時期的代表性作品有《古今和歌集》、《源氏物語》、《枕草子》、《紫式部日記》等。其中特別引人注目的是大多文學作品由女性創作，其原因在於，貴族社會的逐漸成熟使有閒文化女性增加、女性最先使用假名文字、攝關家族的女性以其文學修養獲得天皇的寵信等。例如藤原道綱之母的《蜻蛉日記》，細膩地描述了婚姻生活中的女性心理；宮中女官紫式部創作的世界聞名的長篇小說《源氏物語》，透過主角光源氏的戀愛和命運，出色地描寫了宮廷貴族的奢侈生活與人物微妙的心理狀態，曲折地反映了當時的社會變動趨勢。

在佛教的傳播或普及上，權門貴族的作用逐漸增強，而且出現了佛神合一（即「本地垂跡說」）的趨向，即用佛教的釋迦現身、普濟眾生的思想來解釋日本歷來崇拜的神靈，甚至將天照大神看做是大日如來之化身。另外也出現了以民間傳播為社會基礎的淨土宗，與過去追求現世利益的佛教不同，淨土宗主張逃脫今世的苦難，最終進入極樂淨土，並出現了《往生要集》、《日本往生極樂記》、《拾遺往生傳》等宣揚淨土宗的書籍。在藝術方面，出現了以日本風景為題材的「大和繪」和日本式的寺院建築，如水以池為中心的平等院鳳凰堂等。平安末期文化的特徵是貴族文化融入武士、平民的內容，例如「田樂」、「猿樂」等平民藝術的出現，

描述武士及平民生活的《今昔物語集》、描述平將門之亂的
《將門記》、描述陸奧地區前九年之戰的《陸奧話記》、民
間歌謠集《梁塵祕抄》等。在繪畫方面，有描述平民生活的
《年中行事繪卷》，即使在《源氏物語繪卷》中，也可以看
到武士及平民的影響。這一時期還有《大鏡》、《今鏡》等
國文體歷史書籍。

8. 平清盛

平清盛（1118 年 -1181 年），日本平安末期武將。平忠
盛的嫡長子，但是傳說親生父親其實是白河上皇。通稱平大
相國。十二歲時受特殊提拔任左兵衛佐，後任中務大輔（朝
廷中務省次官）、肥後守、安藝守等職。後因在平定「保元
之亂」中立有戰功、在「平治之亂」中打敗源義朝，遂進入
中央貴族行列；並採取聯姻辦法與皇室結成親戚關係。1167
年任太政大臣，建立平氏政權，為武將執政之始。同年因病
辭職，翌年受戒出家，法名清蓮（後改為淨海）。多次修繕
兵庫港（今神戶港），與中國南宋通好，推進日宋貿易。
1180 年，以天皇外祖父身分控制朝廷大權。翌年 2 月，在與
源賴朝為首的源氏集團的鬥爭中病死。

平清盛在保元元年（1156 年）發生的保元之亂中與源義
朝聯合支持後白河天皇並獲得最終的勝利，因而贏得後白河

天皇的信賴，於是升任播磨守及大宰大貳。然而此後清盛與
藤原信西（通憲）聯手擴張其權力的企圖讓藤原信賴與源義
朝大為不滿，兩人於是舉兵對抗之。這就是發生於平治元年
（1159 年）的平治之亂。這場亂事最後由平清盛獲得勝利，
源義朝被其誅殺，以源義朝長子源義平為首的許多源氏族人
均被處死，也被捕的義朝三男源賴朝則被處以流放至伊豆國
之刑罰。自此，平清盛打下了武家政權的基礎。

　　平清盛的勢力擴張似乎永無止盡，他將自己和正室時子
所生的女兒平德子（建禮門院）嫁給高倉天皇作為皇后，以
使自己成為天皇的外戚，而不顧平德子長高倉天皇六歲且與
其有表姐弟關係。平德子產下的皇子並且成為日後的安德天
皇。另一個女兒平盛子則嫁給攝關家的藤原基實，並且以此
為始，讓許多子女和有權有勢的公家眾（貴族階級）聯姻，
巧妙地透過政治婚姻的手段擴大自己的勢力。

　　平清盛隨後在治承四年（1180 年）二月迫使高倉天皇退
位，擁立自己的孫子，平德子之子即位，是為安德天皇。這
是平氏一族的全盛時期，平氏的知行國足足有日本全國一半
以上。

　　但是各種勢力對平氏的反抗就從來沒有停止過。養和元
年（1181 年），來自平家勢力大本營 —— 西日本伊予國的
河野通清、河野通信父子及豐後國的緒方惟能、臼杵惟隆、

佐賀惟憲等地方勢力也舉兵反抗平氏。在東日本，支持平氏的佐竹氏也被源賴朝討滅，反抗平氏的聲浪在各地方興未艾。身處此一困境的平清盛則在此時開始建立以京都為中心的新平家體制。隨之又命越後國的城資永、城助職（長茂）率兵攻打源義仲。然而，平清盛卻在同年二月底因為染上熱病而倒下，閏二月四日在九條河原口的平盛國屋敷逝世，享年六十四歲。

三、鎌倉時代

1. 源賴朝

　　源賴朝（1147 年～ 1199 年），日本鎌倉幕府第一代將軍，平安時代末期武將源義朝之子，武家政治創始人。1158年任皇后宮權少進。1159 年隨父舉兵，任右兵衛佐，拘禁後白河上皇、二條天皇和近臣藤原通憲（信西），史稱「平治之亂」。敗後東逃，途中在美濃被捕，被流放於伊豆國蛭島。在二十年流放生活期間，與北條時政之女兒結婚，受到保護。1180 年奉皇子以仁王之命，舉兵討伐平氏，失敗後渡海逃往安房。

　　10 月在富士川之戰中獲勝，後得到千葉常胤等援助，相繼占領房總、武藏、相模等地，進入鎌倉，稱「鎌倉殿」。1183 年建立東國政權，同年朝廷頒布《壽永宣旨》，承認其

在東部之統治權。與進入京都的武將源義仲和西國的平氏對立。1184 年派其弟義經率軍西征，討滅源義仲。次年經壇之浦之戰滅平氏。同年以追捕與院政接近的兄弟源義經為由，在各地設置守護、地頭職。1189 年率軍遠征陸奧羽，滅保護義經的藤原泰衡，確立全國武家政治體制。1190 年上京會見後白河法皇，任朝廷權大納言（編外太政官副職）、右近衛大將軍等職，假以法皇名義控制各地軍政大權。1192 年後白河法皇死後，任征夷大將軍，建立日本歷史上第一個武士政權鎌倉幕府，確立全國範圍內之軍事封建主統治。1198 年12 月參加相模川橋落成典禮後，歸途中從馬背跌下，從此一病不起，翌年正月去世。

2. 御家人制

　　所謂御家人制，是以儒家的「忠」、「義」思想為理念，以土地為媒介結成的武士之間的主從關係。也就是說，凡投靠到賴朝麾下的武士，一律作為賴朝的家臣，必須無條件地聽從賴朝指揮（奉公）。成為御家人的武士，其效忠的具體行動，主要是承擔軍事義務，戰時從軍，平時擔任警衛。警衛以京都警衛為最重要，稱「京都大番役」。賴朝作為主君（鎌倉殿），保護他們的切身利益，即經濟上保障他們原有領地不受侵犯（本領安堵），政治上保護他們對原有領地的統治權。源賴朝對御家人的這種保護，被稱作「御恩」。此

外，凡仕奉賴朝有功者，還可在原有領地之外，賜予新恩地
（新恩給與）。新恩地實際上是賴朝把沒收來的莊園，作為自
己的領地，賜給立功的武士。

關東地區的武士要成為御家人，必須直接參見賴朝，得
到賴朝的「本領安堵」的親筆手書後，才算合法。但是隨
著形勢的發展，地域的擴大，特別是關西一帶原在平氏統治
下的武士陸續表示效忠以後，手續日漸簡化，即只要「運志
於源家之輩，注出交名」，得到源賴朝的代表者的手書，便
可成為御家人。源賴朝所到一處，每取得一步勝利，都要進
行論功行賞。最早的一次論功行賞，是在富士川戰役取得全
勝後的 1180 年（陰）10 月 23 日，源賴朝率軍返回鎌倉的
途中，進入相模國後舉行的。凡在舉兵以來的二個多月中，
跟隨賴朝轉戰南北、出生入死的東國武士，或給予「本領
安堵」，或「令浴新恩」。這是一次空前的慶功大典，它不
僅大大地鼓舞了士氣，而且在廣大御家人面前，源賴朝兌現
了自己的諾言，從而換取了更多武士的支持和效忠。這次大
典，標誌了以賴朝為主宰的武家政治的開始。其後，每有機
會，賴朝就不失時機地舉行恩賞。有的受賴朝信任的御家人
則被任命為守護、地頭，或國司、介等。例如滅掉佐竹義秀
之後，賴朝沒收了義秀的舊領常陸國奧七郡、太田、糟田、
灑出等，分別作為恩賞分給立有功勳的武士。後來，沒收的

平氏舊領地，也相繼恩賞給了御家人。治理各地的國政，本是由朝廷任命的國司進行的，國司之職也是由朝廷任免的。賴朝的這種直接領地安堵和直接任命官吏的舉動，實際上是一種無視朝廷的行為。御家人制度成為鎌倉幕府的基石。

3. 承久之亂

1199 年（正治元年）鎌倉幕府的創始人源賴朝去世，年僅 18 歲的其子賴家繼任將軍。賴家精於弓箭馬術，但缺乏其父的政治才能及權威，獨斷專行，重用其岳父，排擠幕府元老，引起許多御家人的不滿。在源賴朝之妻北條政子的主持下，首先剝奪了賴家的裁判權，然後組成 13 名元老決定重大決策的協議制。1200 年，北條時政剷除支持賴家的梶原家族，並在 1203 年軟禁賴家，同時滅其岳父家族，立其弟實朝為將軍，自己以輔助將軍的名義掌握幕府大權，被稱為「執權」。

翌年時政殺害賴家，但在政子的反對下，時政被迫引退，由其子北條義時掌握幕政。1213 年，義時滅侍所別當和田義盛及其家族，鞏固了其執權的地位。但此時實朝已經成人，並積極參與幕政，喜愛公家文化，與朝廷關係頗佳。1219 年，實朝在就任右大臣儀式的途中被其侄公曉所殺，公曉亦被殺，源氏斷絕。義時希望立皇族親王為將軍，但遭到

後鳥羽上皇的反對，只好立源氏遠親攝關家三歲的藤原賴經為將軍，自己繼續掌握幕府政權，自此以後將軍成為虛設。

幕府內部的爭鬥使本來就對武家政權不滿的天皇朝廷提供了試圖恢復公家權力的機會，1198 年開始院政的後鳥羽上皇積極採取加強朝廷經濟實力的措施，並透過恩賜土地的方式吸引近畿地區的武士以及對北條家族不滿的御家人，在「北面武士」機構之外，還設置了「西面武士」組織。上皇拒絕了北條義時允許皇子做幕府將軍的請求，並在 1221 年 5 月向各國武士頒布討伐北條義時的院宣。時值承久三年，因而被稱為「承久之亂」。但回應朝廷的武士並不多，而在北條政子的鼓動下，大多數御家人重新集結在幕府旗下，並從鎌倉分兵東海、東山、北陸三路向京都方向進發。面對 19 萬之多的幕府軍隊，萬餘名的朝廷軍隊一觸即潰，不到一個月，幕府軍就打敗了朝廷軍，並占領了京都。

幕府立新天皇，將包括後鳥羽上皇在內的三位上皇流放到離島，並處死參與計畫討幕的貴族與武士。天皇被處罰以及貴族被處死的事情前所未有，因而對當時的社會產生較大影響。幕府沒收了參與討幕貴族及武士的 3,000 所領地，將其作為幕府的直轄領地，並任命在此次內亂中立有戰功的御家人為新地頭，稱為「新補地頭」，同時決定了新地頭的俸祿標準。另外，幕府在京都設「六波羅府」，由北條義時

之弟北條時房及其子北條泰時擔任其長官 ——「六波羅探題」，取代過去的京都守護。其職責除警衛京都、監督皇室活動外，還兼有負責統率西日本御家人以及執掌西日本的行政、司法等事務。「承久之亂」之後朝廷喪失了擁有軍隊的權力，皇位繼承及朝廷政治也由幕府決定，國家權力嚴重傾向武家。

4. 元軍侵日戰爭

忽必烈於 1260 年在中原即位稱帝並於 1264 年定都北京（時名大都）。此後不久，高麗被迫臣服。兩年之後，他要求高麗派使者奔赴日本，要求日本臣服。當時趙彝代表高麗及元朝到達日本。在 1268 年忽必烈派遣了第二批使者，但他們同樣是空手而回。兩批使者都參見了鎮西奉行，由奉行來將要求傳達給鐮倉幕府的將軍及在京都的日本天皇。此後，忽必烈或透過高麗使者，或透過元朝大使，又繼續發送了一系列的信件，並以戰爭相威脅。日本時值鐮倉時代中期，幕府將軍惟康親王並無實權，而掌握實權的是「執權」北條時宗。幕府決定不投降，並立刻著手加強日本最靠近高麗的領土，因此也是最有可能被首先攻擊的地方 —— 九州的防禦。首先幕府命令分封在九州的大名回到自己的駐地，並將在九州的軍隊西移，以進一步增固可能的登陸點的防禦。另外，

幕府還組織了大規模的祈禱活動，以此來應對這場危機，其間其他大多數政府活動亦被推遲。

忽必烈早在 1268 年就想發動戰爭，但卻發現朝鮮當時沒有足夠的財力以提供充足的陸軍和海軍。1273 年，他派了一支部隊去朝鮮作為先鋒，結果這支部隊卻無法在朝鮮的國土上自給自足，最終被迫返回元朝以資補給。因為元軍所需的馬匹，以及所需的養馬草場，都嚴重限制了部隊的運動，以致於元軍無法在幾乎寸草不生的地方活動。1274 年，元軍艦隊終於出發了。其中包括 15,000 名蒙古族和漢族士兵以及 8,000 名朝鮮武士，乘坐 300 艘大型戰船和 400 到 500 艘小型戰船。這支部隊輕易地占領了對馬島和壹岐島，並於 11 月 19 日在位於古老的九州首府太宰府附近的博多港登陸。次日即發生了文永之戰，也就是「博多港之戰」。雖然元軍在武器和戰術上占優，但他們的人數遠遠少於準備了很久的日本武士，而且這些武士在得知對馬島和壹岐島失陷後得到了增援。在堅持了一整天之後，一場風暴在夜間刮起，元軍不得不撤兵。

1279 年元軍征服南宋之後，於 1281 年春發動了對日本的第二次入侵。元軍的這次入侵規模大於第一次，其中由范文虎、李庭等人率領的江南軍就有十餘萬人。元軍艦隊因供應和人員登載問題而推遲了起航。他們的高麗盟軍先行進

發，在對馬島慘遭失敗而返。同年夏，元軍聯合高麗人奪取了
壹岐島，向九州進發，並在不同地點登陸。在經歷一些獨立的
小戰鬥，也就是所謂的弘安之戰或第二次博多港之戰後，元軍
被趕回了船上。此時一場持續兩天的颱風，也就是現在非常有
名的神風，襲擊了元軍艦隊並摧毀了大部分的船隻。

5. 鎌倉幕府的滅亡

抗元戰爭勝利後，幕府的統治轉向衰落。與承久之亂時
不同，抗元戰爭後幕府沒有得到沒收自政敵的土地，幕府無
法使獲有戰功而紛紛來到鎌倉要求恩賞的御家人得到滿足，
從而破壞了由「奉公」取得「恩賞」的這個幕府與御家人關
係的基礎。正當鎌倉幕府日益衰落的時候，京都天皇及公卿
貴族認為復興舊政權的時機已到而躍躍欲試。陰謀復舊的核
心人物是後醍醐天皇（西元 1318 年～西元 1339 年在位）。
他於西元 1318 年即位，不久便廢院政實行親政，再興記錄
所，企圖重現延喜、天歷時「代呼」這一「聖代」，以此為
目標開始了緊張的倒幕活動，為此，他極力推崇鎌倉中期傳
入的朱子學，召禪僧玄惠入宮講解《新注》，企圖以朱子學
所鼓吹的「三綱五常」、「大義名分」來激勵朝臣氣節，為
復興舊王朝效力。他還攝用玄惠的門徒北田親房（西元 1293
年～西元 1385 年）和日野資朗（西元 1290 年～西元 1332

年）、日野俊基（？──西元 1332 年）等儒臣。這些人或為天皇擬定倒幕計畫，或祕密奔赴各地，向不滿幕府的武士兜售朱子學，進行倒幕活動。

後醍醐天皇之所以要如此堅決倒幕，也是和當時他要立即解決與幕府有關的皇位繼承問題密切相聯的。「承久之亂」以後，決定皇位繼承和決定上皇擔任院政的大權都操在幕府手中。西元 1242 年根據北條泰時的指示，後嵯峨天皇（西元 1242 年～西元 1246 年在位）即位，其後由深草天皇（西元 1246 年～西元 1259 年在位）、龜山天皇（西元 1259 年～西元 1274 年在位）兄弟相繼即位。此後便出現兩個皇統──「持明院統」與「大覺寺統」，由此產生了所謂皇位繼承問題。朝廷也分成兩派。幾經周折，再經五屆天皇之後，文保元年（西元 1317 年）在幕府提議下，三方透過了兩統交替即位的「兩統迭立」方案。據此，確定當時的皇位由大覺寺統的後醍醐天皇繼承，並確定立後二條天皇的皇子為後醍醐天皇的皇太子，這就剝奪了後醍醐天皇皇子的皇位繼承權。於是後醍醐天皇認為，要解決這個問題只有打倒幕府，別無他途。

後醍醐天皇擬就了使用畿內武士和僧兵襲擊六波羅的倒幕計畫，但計畫於正中元年（西元 1324 年）洩漏，日野資朝、日野俊基被捕（史稱「正中之變」）。此後，後醍醐天

皇又重擬，親赴南都（奈良）北嶺（京都）各大寺院，拼湊倒幕武裝，並對各國武士和「惡黨」做工作。但這次計畫於元弘元年（西元 1331 年）又敗露，結果他本人被幕府流放到隱岐島（島根縣海上）。北條高時立持明院統量仁親王為天皇，是為光嚴天皇（「元弘之變」）。這時近畿和中國地方等地的反北條氏勢力已經紛紛起事，「惡黨」蜂起，同地頭、莊官作戰，或聯合起來反抗上級領主。索以「地侍」首領聞名的河內（大阪府）楠木正成（西元 1294 年～西元 1336 年）也已起來戰鬥。他先後據守河內的赤阪城、千早城，重創幕府軍。在大和國，許多農民變成「野伏」（「強盜」），干擾幕府的糧路，截殺撤退的武士。在戰亂日益擴大的情況下，正慶三年（西元 1333 年）二月，後醍醐天皇在伯耆國（鳥取縣）武士名和長年的營救下，逃出了隱岐。同年，幕方的征討大將足利高氏（西元 1305 年～西元 1368 年）在赴伯耆途中突然舉起叛旗，把近畿地方的武士組織起來。5 月 7 日消滅了幕府在京都的六波羅探題，占領京都。與此同時，九州、四國的武士分別消滅了幕方的九州探題和長門探題。上野豪族新田義貞（西元 1302 年～西元 1338 年）也舉起叛旗，率關東武士攻陷鎌倉。時為西元 1333 年 5 月 22 日，北條高時及其一族自殺。鎌倉幕府在農民和不滿幕府的武士們的打擊下滅亡了。

四、南北朝與室町時代

1. 日本南北朝

日本的南北朝發生於 1336 年～ 1392 年，之前為鐮倉時代，之後為室町時代。在這段時期裡，日本同時出現了南、北兩個天皇，並有各自的承傳。

後醍醐天皇消滅了鐮倉幕府後，就進行了第一次的王政復古，推行新政，史稱建武新政。由於新政未能滿足武士的要求，而且只重用京都的公卿貴族，故引來武士的不滿。其中，倒幕大將足利尊氏更為不滿，他雖然被賜給天皇名字中的尊字，但他想開幕府，結果足利尊氏迫後醍醐天皇退位。新天皇光嚴天皇冊封他為征夷大將軍。是為北朝。

而後醍醐天皇退位後，持著天皇象徵的三神器退往大和（今奈良縣）的吉野，是為南朝，至此南北朝終於形成，史書還稱為「一天二帝南北京」。

經過多次攻防後，南朝的勢力衰退，終於南朝的天皇把三神器（為天照大神所傳八咫鏡、瓊勾玉、天叢雲劍）交給北朝的天皇，結束了南北朝時代。

2. 足利尊氏

足利尊氏（1305——1358），幼時名太郎，元服後名足利高氏。鐮倉幕府滅亡後，由後醍醐天皇賜名為尊氏。

足利尊氏一族本是清和源氏義家流嫡系子孫，自北條氏得到鐮倉幕府執權之職後，足利氏備受屈辱。傳說足利氏先祖義家曾有遺書，希望自己的第七代孫取得天下，以雪屈辱之恨。可是，到第七代孫家時（即尊氏的祖父）之時，未能實現先祖遺言。一天，家時祈求八幡菩薩，願他的三代子孫中能有人實現先祖的遺願，然後，飲恨剖腹自殺。

正慶二年（1333年），尊氏受鐮倉幕府之命出征。尊氏到達三河後，暫時停止進軍，密派心腹細川和氏與上杉重能到伯耆船上山謁見後醍醐天皇。後醍醐天皇遂頒旨讓尊氏速起兵倒幕。尊氏接旨後於丹波國八幡宮向全軍明確宣布討幕，並於五月七日與赤松則村、千種忠顯配合，一舉攻下京都六波羅府。五月二十五日，幕府在九州的據點亦被徹底消滅，鐮倉幕府滅亡。建武政權建立後，尊氏要求獲得「征夷大將軍」的稱號，未獲批准。此外，後醍醐天皇對尊氏的權力加以種種限制。尊氏與建武政權之間的裂痕進一步加深。

建武二年（1335年）七月，「中先代之亂」爆發，原鐮倉幕府執權北條高時之子北條時行於信濃舉兵攻入鐮倉。尊氏率軍與其弟足利直義會合，大破鐮倉軍。此後，尊氏占

據鐮倉，拒不回京。建武三年（1336 年），尊氏率軍攻入京都，擁持明院統豐仁親王為光明天皇，改年號為延元元年，並受封征夷大將軍，建立室町幕府。

在尊氏進京前，後醍醐天皇已逃入吉野山，並建立了南朝政權，與室町幕府相對抗。直到室町幕府第三代將軍足利義滿執權時，才將兩朝統一。這之間的幾十年間，被史學家稱為「南北朝時代」。

3. 足利義滿

日本室町幕府第三代將軍。幼名春王，法名鹿苑院天山道義。歷任內大臣、左大臣、太政大臣等要職。1366 年後光明天皇賜名義滿，10 歲繼任將軍職，管領細川賴之任輔佐。成年後親政，充分顯示領導與統治才能。1379 年征討土岐賴康，1391 年鎮服山名氏清，1392 年結束南北朝分裂局面，完成國家統一大業，在全國範圍確立起室町幕府將軍的絕對統治權，成為室町幕府最盛期的締造者。1394 年，讓將軍職於子義持，出家為僧，天皇政府及將軍實權仍握在手。1399 年制服最後一個有力大名大內弘義，使其權威無限增高，1407 年以其夫人日野康子為後小松天皇之準母。

晚年，在京都北山建邸宅，嗜愛、搜求中國珍寶、商品、書畫，廣集漢學造詣深厚學者及畫家，為其從事文學研究、出版事業提供優良條件，從而形成中國風格明顯的北山

文化。在經濟方面除繁榮本國商品經濟外，努力發展明日貿易。明太祖朱元璋因倭寇及胡惟庸謀反案，嚴行海禁，中斷明日貿易，使奢求明商品及銅錢的日本朝野，極感不便。為改變這種不利狀況，力排眾議，接受日商肥富建議，在明建文三年（1401年），遣使祖阿與肥富赴明，在國書中奉明正朔，稱臣納貢，建立明日貿易關係。明永樂元年（1403年），朱棣稱帝。明日貿易關係進一步擴大，形成十年一貢的進貢貿易，又稱勘合貿易的明日官方貿易關係。這種貿易關係持續近一個半世紀之久。在其間，日本從明獲得所需的銅錢及商品，明受沿海倭寇劫掠明顯減少之益。

4. 應仁之亂

1449年，足利義政成為室町幕府第八代將軍，他耽於酒色，不理政事，導致社會動盪，各地不斷發生德政暴動，將軍權力逐漸衰落，幕府實權旁落重臣和實力強大的守護大名細川勝元、山名持豐（又名山名宗全）等手中。義政早年無子，1464年以弟義視為繼嗣、以細川勝元為保護人。次年其妻日野富子生子義尚，以山名持豐為保護人。二者爭奪繼嗣地位的鬥爭，使中央勢力發生分裂。在守護大名各領國內，地方領主力量也不斷增大，並干預守護大名的繼承糾紛，因而守護大名的勢力也發生分裂。以細川勝元和山名持豐的對立為中心，中央與地方封建勢力的分裂日趨激化。1467年1

月 18 日，畠山政長和畠山義就在京都發生武裝衝突，山名持豐助義就獲勝。以此為導火線，細川勝元和山名持豐各自調集援軍進入京都。細川方面有斯波義敏、畠山政長、赤松政則、京極持清等，大本營在將軍駐地幕府，稱東軍。山名方面有斯波義廉、畠山義就、一色義直、六角高賴等，大本營在幕府以西的山名持豐邸，稱西軍。5 月 26 日，兩軍開始大戰。最初東軍稍強。8 月，大內政弘率軍 2 萬東上京都，支援西軍，10 月激戰於相國寺，未決勝負。此後京都地區的戰鬥進入膠著狀態，戰亂逐漸波及地方。戰爭中，東軍控制將軍足利義政、後土御門天皇和後花園上皇，西軍則控制義視和南朝的後龜山天皇之重孫，雙方均以自己為正統，稱對方為賊軍。

　　長期戰亂極大地消耗了雙方的實力。地方武士則借機擴大自己的領地，爭奪領國統治權，有的甚至企圖奪取守護大名的地位，在京都作戰的守護大名對此深感不安，因而出現厭戰情緒。1472 年，兩軍首腦開始和談。1473 年，持豐和勝元相繼死去，和談加速進行，次年 4 月一度達成和議。但因赤松政則、畠山義就和大內政弘反對，未能實現。1477 年 9 月，畠山義就由於領國不穩率軍返回河內。大內政弘也在幕府重新承認他對周防、長門、豐前、築前等領國的統治權後，於 11 月率軍退出京都，戰亂基本結束。應仁之亂中，京都大半化為焦土，相國寺等古建築與許多藝術珍品遭破壞，人民備嘗離亂之苦。戰亂後，幕府將軍、守護大名和莊園領

主貴族的力量更加衰弱，日本歷史進入新興的戰國大名互相
混戰的戰國時代。

五、戰國時代

1. 戰國大名

　　守護大名是幕府的地方長官，效忠於幕府。而戰國大名
雖是守護大名蛻變而來，但與部屬制主、土豪擴張的地方勢
力一樣，以下克上為宗旨，憑武力或陰謀自立和發展。只要
能制壓一國或以上，就是戰國大名，而不論血統或是否得到
朝廷、幕府的認可。戰國大名為了大義名份，會求取官位或
守護職，但這與幕府任名守府雖相似而本質不同。通俗地
講，戰國大名只以實力和疆域為評定標準，一般好戰，愛擴
疆拓土。有了較穩固領地後多能鼓勵工商，發展農耕，富國
強兵。而守護大名多耽於逸樂，尚空談，虛華糜廢。這是由
其不同的性質所決定的。戰國大名中，許多人既是戰場上的
武將，又是善於文治的統治者。如前所述，戰國大名由守護
大名、國人領主和守護大名的家臣轉化而來，對社會基層情
況比較熟悉。他們從自身的經歷中認識到：控制領國內的小
領主和安定農民生活、保證農民從事農耕的起碼條件，是鞏
固領國統治的兩大基礎。大多數戰國大名，正是首先從這兩
方面著手治理領國的。

2.「甲斐之虎」武田信玄

　　武田信玄，大膳大夫（從四位下），信濃守，甲斐守護，甲斐武田氏第十七代家督。原名武田晴信，信玄是其法名。幼名太郎，源氏名門新羅三郎義光之後，武田信虎的嫡長子。日本戰國時期的名將。因任甲斐守護，而且具有卓越的軍事才能，被人稱作「甲斐之虎」，與「越後之龍」上杉謙信可謂一時瑜亮。

　　信玄一生開拓領地達一百二十萬石之多，除了織田信長能與之匹敵的也唯有毛利元就。但是一個中世紀的武士，出生地能決定他的一生，信玄也不例外。他一直在摸索治理甲斐、信濃的最好方式，無法像信長那樣把握住時代的變革，也就無法順應時代迅速擴大勢力。

　　信玄公一生從十六歲上戰場後，比較大的戰鬥大約打了八十場。在這些戰爭中，只有三次是武田信玄被迫防衛的，其餘都是進攻。而在其餘的戰爭中，攻城戰就占了四十八次。而武田信玄的攻城手法，也是以強攻、困城為主，有時為了一座城池甚至要付出幾個月以上的時間，不攻陷就絕不退兵，這一點與《孫子兵法》攻城為下的主張是大相徑庭的。

　　武田信玄將領土從甲斐一國擴展到遠江國、信濃國、甲斐國、伊豆國、駿河國及美濃國、飛驒國、上野國、相模國、三河國、武藏國、越中國的一部分，而且周圍對手都不弱小，足見他的非凡超群的軍事政治才能。武田信玄之用兵

方略與為政之道在日本戰國史上留下頗具影響的一筆。所舉「風林火山」（疾如風，徐如林，侵掠如火，不動如山）之軍旗（也稱孫子四如真言之旗），語出《孫子兵法》，威震一時。信玄在用兵上尤擅於指揮甲州精銳的騎兵，以靈活機智的戰術取得勝利，開創了「甲州流」兵法。武田信玄以傑出的軍事指揮聞名，卻又與一般黷武的將軍不同，信玄也是個出色的民政家。天文十六年（1547 年），信玄制定的俗稱為「信玄家法」的《甲州法度之次第》五十五條，詳細規定了主君與家臣的關係及家臣應遵奉的準則等，為戰國時期著名的分國法的代表之一；其傾心於領地內的治理，尤其窮半生精力在甲斐的釜無川和笛吹川上修建的治水工事，採用最先進的築堰分流技術，是戰國時代最大、最有名的堤防，其利澤及後世，被後人稱作「信玄堤」，至今仍在發揮作用。信玄還以擅長培養人才著稱，手下著名的「武田四名臣」（即武田四天王）、「武田二十四將」、甲陽五名臣、戰國三彈正等聚集成了戰國時代最優秀、團結且忠誠穩固的家臣團。信玄篤信佛教，本人就是天臺宗的大僧正。宗教信仰是信玄治國的重要內容。武田家的名將原虎胤就曾因信仰問題（虎胤信奉日蓮宗）而出走。信玄的宗教政策也展現著戰國大名特有的現實性。例如，允許僧侶交納一定的役錢後娶妻，這一做法對於當時已近乎公開氾濫的僧侶娶妻的現象，顯然比強行禁止更為合理。

3.「越後之龍」上杉謙信

　　上杉謙信是一名活躍於日本戰國時代的大名，越後國守護代長尾為景幼子，幼名「虎千代」。成年後稱長尾景虎。育有三名養子，名字為景勝、景虎和上條政繁。由於繼承了關東管領上杉姓氏，並先後得到任關東管領的上杉憲政和室町幕府將軍足利義輝的賜名，故又稱上杉政虎、上杉輝虎。

　　由於他擁有很高的軍事統率能力，所以在後世被稱為越後之龍，一般通稱為軍神。官位為從四位下彈正少弼以及從四位下近衛少將，死後贈回正二位。1548 年，謙信成為長尾家家督，以其出色的能力統一了越後。此後努力恢復室町幕府的舊秩序，與南方的武田信玄，東南的北條氏康多次作戰，其中與武田信玄的五次川中島合戰，與北條氏康的關東出陣 —— 小田原攻防戰都是日本軍事史上的著名戰例。

　　1577 年，由於織田信長消滅室町幕府的舉動，謙信開始對織田信長進行遠征，並在手取川大敗織田軍（史稱手取川之戰）。但於次年在春日山城因腦溢血而死。

　　謙信雖然戰無不勝，被譽為「越後之龍」、「戰國最強」的武將，但是卻信奉佛教，曾一度因此非常矛盾。尤其信奉佛教的戰神：毘沙門天，自詡為毘沙門天的化身，高舉「毘」戰旗進行聖戰。由於崇尚「義」，其行為在戰國亂世顯得很特別。

阪本太郎在其著作《日本史概說》中評價謙信說：「在殺伐無常、狂爭亂鬥的諸國武將中間，上杉謙信以尊神佛、重人倫、尚氣節、好學問的高節之士見稱，令人感到不愧是混亂中的一股清新氣息。」

六、安土桃山時代

1. 安土桃山時代

安土桃山時代是 1568 年至 1600 年之間的日本歷史，又稱織豐時代。是織田信長與豐臣秀吉稱霸日本的時代。以織田信長的安土城和豐臣秀吉的伏見城（又稱「桃山城」）為名。此時，日本出現了強大的軍事領導者。他們擊敗了相互作戰的諸大名，並且統一了日本。三個主要人物持續統治了這個時期，織田信長、豐臣秀吉和德川家康，他們作為主要領主出現，並統率著大量的軍隊。隨著他們實力的成長，他們都向京都的宮廷尋求支持。織田信長在 1571 年以世俗的力量擊敗了富有戰鬥性的天臺宗僧人，並且破壞了他們在京都附近的修道中心 —— 比叡山，還殺死了數千的僧侶。1573 年，他戰勝了當地的大名，放逐了最後一個足利將軍，開創了歷史上的安土桃山時期。

2. 織田信長

　　織田信長是活躍於日本安土桃山時代的戰國大名。他成功控制以近畿地方為主的日本政治文化核心地帶，使織田氏成為日本戰國時代中晚期最強大的大名，但後來遭到部將明智光秀的背叛，魂斷本能寺，織田氏也因而一蹶不振。法名總見院殿贈大相國一品泰嚴尊儀，生前官至正二位右大臣，大正天皇時追贈為正一位太政大臣。

　　織田為織田信長苗字（即姓氏），族姓則有三說：平氏、忌部氏或藤原氏，平氏可能性較高。被稱作「第六天魔王」。幼名吉法師，在山岡莊八所著的《織田信長》中描寫，信長小時候在任神職的熊府波太郎處學習，信長也是織田家家老平手中務大輔政秀的得意門生。出生於尾張國（今愛知縣西部）。父親死後，歷經與同母所生之弟的織田信行（信勝）的家督之爭，勝利後成為織田家的主君。於擊破周邊敵對勢力的今川家與齋藤家之後，立足利義昭為將軍並完成上洛（進京）。之後義昭與信長為敵，並下令給武田家、朝倉家、比叡山延曆寺、石山本願寺等，組成了反信長包圍網。信長突破包圍網後，邁向天下布武之路，推行如樂市樂座、土地調查等革新政策。後因家臣明智光秀的謀反（本能寺之變）而自殺。否定既存的權威與勢力（朝廷、佛教等），選用人才不在意其家世出身，透過活用新兵器如鐵炮

將戰國時代導向終結之路。由於秀吉的情報操作加上信長本人亦曾自稱魔王（第六天魔王），最早織田信長被稱為「第六天魔王」是在元龜三年（1572 年），當時武田信玄正要上京，信玄寫了封信給信長，並署名「天臺座主沙門信玄」，而信長給信玄的回信書就署名「第六天魔王信長」。大概可以看出信長和信玄之間彼此挑釁的味道很重。對信玄等人而言，死後可以成佛；但對信長而言，只有現在看得到的才是真實的。信長並不認同死後悟道的想法，這大概就是信長當時以「第六天魔王」自稱的原因，信長本身亦存在為人所懼的部分。

3. 豐臣秀吉

豐臣秀吉（1537 年～ 1598 年），日本戰國時代、安土桃山時代的武將及大名，原名木下藤吉郎、羽柴秀吉等，綽號猴子、禿鼠，本是一足輕（下級步兵），後因事奉織田信長而崛起，自室町幕府瓦解後再次統一日本，並發動萬曆韓戰（朝鮮征伐），最高的官位是太政大臣。法名：國泰佑松院殿靈山俊龍大居士，神號豐國大明神（後因豐臣家滅亡而被德川幕府取消）。

1554 年（天文二十三年）以足輕的身分成為了織田信長的家臣，深得信長疼愛，在織田家的地位不斷提升。1560 年左右，秀吉成為織田家的足輕組頭（足輕是臨時徵集的農民

兵，組頭相當於小隊長），並參加了著名的桶狹間合戰。據說戰後因其功績，信長將淺野家的養女寧寧（另譯成彌彌）許配給他，這位寧寧小姐後來成為秀吉的賢內助，在豐臣政權中影響頗大，人稱「北政所」。1564 年秀吉與寧寧結婚。

天正元年（1573 年）信長擊敗了淺井長政，長政自盡，淺井的舊屬歸織田家所有，秀吉被封為近江國今濱城城主，將城改名為長濱城，並改木下姓為羽柴（羽柴，取丹羽長秀和柴田勝家姓中各一字）。

1582 年，明智光秀於支援秀吉出兵毛利氏途中，發動背叛兵變，攻占京都並夜襲投宿在本能寺的織田信長，是為本能寺之變，信長焚毀本能寺，屍骨無獲，其長子織田信忠於二條御所戰敗後切腹自盡。當時豐臣秀吉正親自率兵包圍備中國的高松城，由於報信者的失誤，於事變三天後才得知消息。之後，在毛利氏大老小早川隆景主導下，他迅速與毛利氏議和，條件是守將清水宗治自盡，秀吉率兵在五日內「強行軍」約 200 公里返京，並隨即與明智軍展開決戰，這次行軍史稱「中國大撤退」，行動之迅速大大震撼了京師的明智軍。回師之時，秀吉以信長之名為號召，成功收納流竄在各地的信長舊屬，於山崎之戰，大敗準備不及的明智光秀，最終明智光秀逃走時被獵殺落難武士的村民殺死，秀吉乘機控制京都一帶，不過無法阻止織田氏內部出現派系分裂。主要

分裂為柴田勝家、織田信雄、織田信孝以及羽柴秀吉等派系。

　　秀吉在清洲城重臣在清洲會議上得到多數織田族人與家臣支持，擁立尚在繈褓的信忠長男三法師（元服後稱織田秀信）繼任家督。然後便開始了他統一日本的征程。1585 年秀吉被公家的近衛前久收養，就任關白，1586 年受賜姓豐臣並就任太政大臣，確立了政權。

　　豐臣秀吉統一日本後，治國有術，多年戰亂的日本一時間國泰民安。他見日本已經安定，遂萌發了建立一個亞洲大帝國，他決心到比日本更廣大的空間施展一番。首先要征服朝鮮，再來征服中國，後再征服印度，建立一個包括日本、中國、印度、朝鮮在內的亞洲大帝國。1592 年，豐臣秀吉親率十八萬大軍發動對明帝國附屬國朝鮮王國的戰爭，迅速占領朝鮮大半，國王出逃，向宗主國明帝國求援。明大將李如柏率四萬明軍進入朝鮮，與日將小西行長加藤清正所率日軍激戰，收復漢城。豐臣秀吉返回日本，留小西行長等留駐朝鮮南端。1597 年，豐臣秀吉再派水陸軍十四萬進入朝鮮，決心與明帝國見個高低。明軍在大將邢玠老將鄧子龍的率領下，大破日軍。豐臣秀吉征服朝鮮的夢想破產，他本人也於 1598 年 8 月 18 日氣病而亡。

4. 德川家康

　　德川家康，日本戰國時代著名大名，官至正一位太政大臣。生於名古屋附近的岡崎，德川家康的先祖是發跡於三河地方的一個土豪，在戰國時代逐漸上升為戰國大名，到松平廣忠這一代時，松平氏已經是西三河的大豪族。但其被夾在勢力較強的兩個大名尾張的織田氏和駿河的今川氏之間，地位很不鞏固。家康四歲時被父親送作今川氏的人質。

　　1560年桶狹間合戰，織田信長打敗今川氏，今川義元陣亡。從此德川家康（當時名為「元康」）擺脫今川氏而獨立，1562年與織田信長結成同盟，開始全力經營三河。1568年，德川家康的同盟者織田信長進入京都，邁出了統一全國的第一步。這時已在三河打下了堅實基礎的德川家康開始採取東進政策。

　　1572年10月，武田信玄動員兩萬五千人意圖進軍京都，途徑德川家康的遠江國。德川家康聞訊率自己所部五千人及織田信長援軍三千餘人迎戰於三方原。史稱三方原會戰。此戰德川家死傷一千六百餘人，不過，經過此役家康取得了「海道一雄」的名聲。

　　1582年6月，明智光秀謀反，織田信長死於本能寺，史稱本能寺之變。信長一死，圍繞政權落入誰手的問題各大名之間展開了激烈鬥爭。德川家康返回岡崎後，正想出兵攻

打明智光秀，卻發現被羽柴秀吉（前豐臣秀吉）搶先一步消滅了明智光秀，從而放棄進軍京都，轉而積蓄實力準備將來與豐臣秀吉分庭抗禮，他更加堅定了東進的決心。至 1583 年前後，德川家康已先後把三河、遠江、駿河、甲斐及信濃南部地區納入自己的勢力範圍，成為擁有一百萬石實力的大大名。

豐臣秀吉征伐九州時，德川家康未被徵調，避免了一次巨大的消耗。1589 年後北條氏拒絕臣服豐臣家，於是豐臣秀吉下令全日本大名討伐北條。家康在支援戰線上有不少功勞，最終北條目在小田原城被包圍一段時間後投降。此後關白豐臣秀吉統一日本。戰後家康轉封關東，領有相模、伊豆、武藏、上野大部、下野小部、下總、上總（至關原之戰時，約為二百五十五萬七千石），改建江戶城為居城。

豐臣秀吉死後，諸方豪強再度蠢蠢欲動。關原之戰一役，家康消滅了敵對諸侯，為德川家制霸天下奠定了必要的基礎。1603 年 2 月，家康被朝廷任命為征夷大將軍、右大臣、源氏的長者（即源氏的族長、家主）。同年，他在江戶開設幕府。

5. 關原合戰

　　關原合戰是日本的安土桃山時代以及戰國時代發生於美濃國關原地區的一場戰役。戰役雙方均動員了超過十萬兵力，多數大名各自表述自己的立場，是應仁之亂以來全日本的最大規模的內戰。此戰是德川家康與豐臣秀賴的家臣石田三成的直接對決。由於其戰爭的勝負影響了誰可以擁有天下，所以此戰也被譽為「決定天下的戰爭」。最終在小早川秀秋叛變之下，使這場戰爭在一天內分出了勝負，德川家康取得了統治權，為其建立德川幕府奠定了基礎。

　　1598 年，豐臣秀吉病逝，其幼子豐臣秀賴繼任家督，全日本頓時陷入混亂。自朝鮮返國的豐臣諸將對以石田三成為首的五奉行大表不滿，甚至試圖起兵暗殺；另一方面，五大老之首德川家康卻私結諸侯，任意分封領地，激起其餘四位大老的不滿。1599 年，除家康外大老中最有力的前田利家病逝，豐臣家與德川家康關係迅速惡化。1600 年，也就是秀吉死後兩年，德川家康因上杉氏重臣直江兼續的訴狀《直江狀》，起兵征討上杉景勝。豐臣家重臣石田三成便以此為德川家康違反私戰禁令，召集各地大名聚集於大阪城發表內府違反條文，隨即起兵北伐德川家康；德川家康則將上杉戰事交給次子，親率大軍與支持他的豐臣武將回師對抗。兩軍主力最後在近江一帶進行會戰，即「關原合戰」。

七、江戶時代

1. 江戶幕府

德川幕府又稱江戶幕府。1603 年由征夷大將軍德川家康在江戶（今東京）所建，至 1867 年德川慶喜被迫宣布還政天皇為止，共經十五代將軍，歷時 265 年。幕府原為將軍征戰時處理軍務的營幕，後將軍架空天皇取得實際統治權。歷史上先後有鐮倉（1192 年～ 1333 年）、室町（1338 年～ 1573 年）和德川三個幕府。德川幕府的統治形式是幕藩體制。將軍之下，設大老（不常設）、老中（常設）掌握全國政務，設若年寄協助老中，設大目付，目付負責監視大名和幕府的直屬武士旗本和御家人。

設寺社、勘定、江戶町三奉行，分別管理寺社、幕府財政和江戶市政。在大阪、長崎等主要城市設遠國奉行來支配地方的直轄領地。在京都設立所司代以監視皇室和寺社，以及近畿諸大名。在幕府賜封的 260 ～ 270 多個諸侯國內，藩主們擁有行政、司法和徵收年貢的權力。武士們則以為各自的藩主服兵役為己任。德川將軍採取如下措施加強中央集權：首先，幕府掌握了占當時全國總產量 1/4 的富饒的土地，和大阪、京都、江戶等重要城市以及主要的礦山，還壟斷了金、銀、錢三種貨幣的鑄造權。其次，幕府控制之下的

直屬武士旗本、御家人，以及旗本的陪臣，號稱「旗本八百旗」。相對於各藩，在軍事力量上占絕對優勢。第三，將藩侯們分為「親藩」（德川氏同族）、「譜代」（德川氏原屬）、外樣（新臣服）三個等級。三者的領地互為交錯以達到監視外樣大名的目的。

而且，親藩大名和譜代大名占據了富庶和重要的領地。第四，頒布統治大名的基本法《武家諸法度》，限制各藩修建城堡，禁止結黨，規定婚姻需經幕府批准，還定下了「參觀交代制」，令大名隔一年在江戶和領地輪住，回領地時妻、子需留在江戶為人質。旅途和在江戶生活的龐大開支，不斷消耗了大名們的財力。第五，實行士、農、工、商四民等級制來鞏固封建統治。占人口 10% 的士階層是統治階層。從 1639 年實行鎖國政策，由此限制大名們有利可圖的對外貿易，限制自由貿易的盛行以保護農村的自然經濟不遭破壞。幕府的統治在初期是有效的，給日本帶來了長達 200 多年的和平和繁榮。

2. 大阪之戰

大阪（今作「大阪」）之戰，（1614 年～ 1615 年）發生於江戶時代早期，是江戶幕府消滅豐臣家的戰爭。

1614 年（慶長十九年），家康方面由五山之僧（金地院崇傳等人）與林羅山解讀一份豐臣家重建京都方廣寺的鐘

銘文。文中寫到「國家安康」、「君臣豐樂」（國家安康、君臣豐樂，以現代的日語為「國家安康、君臣豊楽」，此文句前半段認為是把家康的名字分開來寫，是詛咒德川家分崩離析；後半段的豐臣君樂是祈求豐臣家能萬世繁榮。），所以要求處分鐘銘文的作者清韓，並且要豐臣家謝罪，歸還領地，轉封到大和國（奈良縣）等等。豐臣方面派遣片桐且元與大野治長之母大藏卿局前往說明，家康拒絕接見且元，但同意與大藏卿局見面。且元表示大阪城是秀吉公創建的居城，這些話使家康正式宣布對大阪開戰。家康曾開下三個條件，第一為秀賴前往江戶城參謹，第二為澱殿到江戶城作為人質，第三為秀賴放棄大阪城，等待幕府安排新的領地，不過豐臣秀賴對此沒有回應。家康也對諸大名宣布要求出兵討伐豐臣家。此時大阪城內浪人的戰意高漲，和平派人士如片桐且元與其弟片桐貞隆見戰事已不可避免便紛紛離開大阪城，豐臣家也開始準備對德川家進行決戰，嘗試向全日本發出檄文，可是沒有大名回應，加入的多是浪人。

　　豐臣家開始準備戰爭，將秀吉遺留下來的資金拿出來，召集那些在關原之戰以後大量形成的浪人眾。之後曾經受豐臣恩顧的大名們集結在大阪，送上檄文，並集結在大阪城。大戰不可避免。大阪之戰包括在 1614 年 11 月 —— 12 月的大阪冬之陣以及 1615 年 5 月大阪夏之陣（6 月 4 日，即農曆五月八日結束），最常用的稱呼為大阪之陣。這場戰爭使得

戰國時代以來持續的大規模戰鬥完全告終，剛好朝廷更改年號為元和，被稱為元和偃武。

3. 由比正雪

由比正雪（1605 年～ 1651 年），生於駿河國宮崎，為當地農民岡村彌右衛門之次子。由比一姓，出自擁有楠木氏血統的、在桶狹間戰死的今川家臣由比正宣，是正雪為標榜自己的楠氏遺裔身分而取（又稱是因仰慕楠木正成的事蹟）。

因幼年家貧，正雪被送至駿府臨濟寺做小沙彌。在寺中修行數年後，正雪離開故鄉，進行了為期三年的周遊日本的修行。元和八年（1622 年）來到江戶，拜在江戶著名兵家、楠木正成之末裔楠不傳（楠木正辰）門下學習兵法。之後得到楠不傳青睞，入贅楠木家，被沒有子嗣的楠不傳收為婿養子。二十一歲時（寬永三年，1626 年），楠不傳病逝，正雪繼承了傳家寶菊水之旗、楠廷尉（楠木正成）所用短刀和楠木氏系譜，成為楠木氏的正統傳人，在神田連雀町開辦了兵學塾「張孔堂」。

作為楠木流兵法的正統傳人，正雪在江戶與各兵家論道，自稱「集和漢各家兵法於一身」。在此期間，經常有大名、旗本來張孔堂聽正雪講課，而正雪也傾聽了各國武士、浪人們對幕府政策的抱怨。此後，正雪開始不斷批判幕府政

策，也拒絕了幕府俸祿五千石的仕官條件，並因此得到了浪人的支持，收下了一大批弟子，據說曾出現數千人聽正雪講課的盛況。正是此時，利用憤怒的浪人，顛覆幕府的計畫已在他心中醞釀成型，進而引發由比正雪之亂。

4. 生類憐憫令

關於這一法令，就不得不提到德川幕府第五代將軍——德川綱吉。他是三代將軍德川家光的第四子，生於正保三年正月初八，卒於寶永六年正月初十，乳名德松，身高只有130釐米。母親為側室本莊阿玉之方。1680年由館林藩入繼將軍家。德川綱吉愛好學問，熱心政治，布施善政。但是後期頒布《生類憐憫令》之後，生活奢侈，並任用奸臣柳澤吉保，招致百姓反感，綽號「犬公方（狗將軍）」。1709年逝世，法號常憲院。墓所在寬永寺的第二靈廟。

綱吉受儒學之中的孝所影響，不但讓母親桂昌院介入政治，更採用母親寵愛的怪僧隆光僧正的話。

貞享四年（1687年）頒布《生類憐憫令》。這個法令的背景是防範戰國時代濫殺狗的陋習，最初是很正經的法令。不過法令逐漸穩定後，綱吉不但下令建造養狗的房子、請人保護狗及請人替狗看病，到了最後甚至頒布說連殺死蚊子都被判刑。

　　這也使得人民怨聲載道。後來水戶藩主德川光國殺了好幾隻狗，剝了它們的皮獻給綱吉，說是可以當護身符。這種公然違法的事情，綱吉和桂昌院卻因為光國是為「天下副將軍」的緣故，無法定罪給光國。而光國這個舉動就是對綱吉的直言進諫，只可惜綱吉沒有聽進去。也有光國此舉諷刺綱吉和桂昌院一說。

　　而且，綱吉允許大奧（江戶時代的後宮）的奢華，使得在家綱時期就有些不良的幕府財政再度惡化。綱吉又聽信勘定奉行荻原重秀的建議改鑄貨幣，不過卻也使得經濟情況更加混亂。

5. 元祿文化

　　德川中期，隨著地方性經濟逐漸發展為全國性的市場，文化方面興起了取代貴族、武士文化的町人文化。這種以城市工商業者生活趣味為題材的文藝作品，反映了四人的成長和市民階層新的自覺，多少具有反封建的自然主義和現實主義傾向。但由於奢侈頹唐的城市生活是建築在封建領主武士勾結商人高利貸者殘酷剝削農民基礎上的，所以適合町人要求的文化具有很大的局限性。這一文化發展的高潮時期是五代將軍綱吉（西元 1646 年～西元 1709 年）執政的元祿年間（西元 1688 年～西元 1703 年），所以稱為「元祿文化」，但廣義上一般是指 17 世紀後期至 18 世紀初期的文化。

6. 德川家宣與正德之治

德川幕府第六代將軍，在位僅 3 年（1709 年～ 1712
年），卻顯露出明君的風範。其與其子第七代將軍德川家繼
在位時期並稱為正德之治。

家宣是父親綱重十九歲尚未娶正室之前，與身分低下的
二十六歲侍女所生的長子。乳名為虎松丸。由於綱重有些忌
憚，因此把剛出生的虎松託付給家臣新見正信，所以也曾名為
新見左近。九歲的時候，虎松以父親綱重的嗣子名義回到甲府
城裡。不久之後虎松本服，四代將軍德川家綱授予他「綱」
一字，並改名為綱豐。延寶六年（1678 年）父親綱重去世，
十六歲的綱豐繼任藩主。而就在那時，將軍家綱一直沒有子
嗣，也因此綱豐的祖母順性院（祖父家光的側室，父親綱重
的生母）一直把綱豐培育成足以繼任家綱的第五代將軍。

延寶八年（1680 年）家綱在沒有任何男嗣的情況下去
世，享年四十歲。而繼承第五代將軍就有了兩個人選，即是
綱重的弟弟，館林藩藩主德川綱吉和綱豐。不過因為堀田正
俊提出說與家光血緣近的綱吉比較適合，也因此綱豐並沒有
成為第五代將軍。而要是論輩分來說，綱豐反倒比綱吉更有
資格成為將軍。

但是後來綱吉在長子德松夭折之後，也不再有子嗣。所
以綱吉的女婿德川綱教（綱吉長女鶴姬的丈夫）和綱豐自然

被當做是第六代將軍的候選人。寶永二年（1705 年）綱教隨鶴姬離開人世。既然只剩下一個候選人，綱豐就以將軍養嗣子的身分接入江戶城的西之丸，並且領德川將軍家世代相傳的「家」一字，正式改名為家宣。而那時的家宣也已經四十三歲了。

寶永六年（1709 年）綱吉去世，享年六十三歲。而家宣便以四十八歲的年紀就任第六代將軍。在家宣剛成為將軍時，就廢止綱吉推崇但民間惡評多的生類憐憫令和酒稅，因此受到平民讚賞，人民也很期待家宣會有一番作為。

家宣將綱吉時期的奸臣柳澤吉保免職後，起用間部詮房和新井白石，且推行文治政治。命令荻原重秀試著進行財政改革。不過家宣僅僅在任三年，就在正德二年（1712 年）逝世，享年五十一歲。繼承他的四子家繼卻只是個四歲的孩子。

7. 德川吉宗

德川吉宗（1684 年～ 1751 年），江戶幕府第八代將軍。紀伊藩（和歌山縣）藩主德川光貞第四子。擔任越前國（福井縣）丹生三萬石藩主時開展藩政改革，累積較多財政經驗，廣受好評。長兄去世後，回歸自己的本家紀伊藩繼承藩主。1716 年，將軍家絕嗣，又以賢侯身分繼任將軍職。以後，借鑑先前在大小兩藩的藩政經驗，開始實行享保改革。在位期間獎勵武藝與儉約風尚，開發新田，允許輸入與天主

教有關的外國書籍。他最大的功績在於穩定了米價，從而使社會呈現穩定的局面。百姓贈給他「米將軍」的雅號。堪稱幕府中興的一代英主。

8. 田沼意次改革

　　田沼意次，江戶時代中期的武士、大名。遠江相良藩的初代藩主。相良藩田沼家初代。是紀州藩的下級武士，跟隨德川吉宗來到江戶，一路攀升，俸祿從六百俵增加到一萬石，成為御用人。家重將軍在寶曆十年（1762 年）傳位給兒子德川家治，家治將軍格外寵信田沼意次，安永元年（1772年）竟然把他破格提拔為老中。從此田沼意次大權在握，開始按照自己的理想改革幕政。

　　當時幕府正面臨著財政危機。吉宗時代的開墾新田幾乎以失敗告終，年貢上漲的空間也極為有限。於是田沼認為唯一的途徑就是積極利用商業資本，扶植財政。首先，他為了促進長崎的貿易而緩和了規則，同時輸出銅和海產（乾鮑魚、海參、魚翅）替代大量外流的金銀，促進金銀的輸入。另外他積極承認商會，增收運上金（類似法人稅），同時擴充專賣制度，推行幕府自主經商。

　　不僅如此，為了使蝦夷的海產增收，他瞄準了對俄貿易。當時的俄國船隻頻繁出現在日本海域，工藤平助因此寫了宣導國防的《赤蝦夷風說考》。田沼意次在那一時期透過

和俄國締交及貿易，保護了受俄國威脅的日本。

　　田沼意次做了這些事，何以會失足下臺呢？這就不能不提及江戶幕府的政治理念。因為德川家康是莊屋（村代表，地方三役之一）出身，所以江戶幕府是農業色彩濃厚的政權。當時流行的學問朱子學也是農業主義的，當時風俗武士經商是被看不起的。但田沼意次把商業作為幕府財政的首要去抓，就只能被形容成和商人同流合污，中飽私囊。

　　再則雖說田沼收受賄賂，他也有這樣做的理由。江戶政權已經因其少有貪污而聞名。不僅因為武士道德水準高，更因為公開推行商業，公務員不接觸政權，沒有了酌情的餘地。田沼推進商業的過程中，當然會接觸賄賂。田沼自己要求賄賂也是事實，但完全不受賄是不可能的。

　　因為這些理由，田沼漸漸被其他幕僚孤立了。更嚴重的是，由於淺間山的噴發，爆發了前所未有的大饑饉「天明大饑饉」，激起了百姓一揆、暴動。本來就不受支持的田沼又遇天災終於下了臺。

　　後來，被當做明君來信仰的松平定信擔任老中，推行「寬政改革」，結果卻慘不忍睹。這也是必然，他推行的改革歸根到底與貨幣經濟背道而馳，是復古的政治。但他以節儉著稱，畢竟還被認為是正義的政治。節儉就是抑制消費，作為政策則收效甚微。這是因為江戶時代至今的日本人仍然有著這樣一種潛在的傾向，更加認同重農輕商的牧歌式政治。

9. 松平定信

　　松平定信（1758 年～ 1829 年），號花月翁、白河樂翁。
江戶時代的大名、政治家。六奧國白河藩第三代藩主，江戶
幕府第八代將軍，德川吉宗的孫子。定綱系久松松平家第九
代當主。天明七年（1787 年）至寬政五年（1793 年）間實
行改革，史稱「寬政改革」。1793 年 7 月，松平定信辭職，
改革以失敗告終。寬政改革主要方面是：

　　重建幕府老中協定體制。罷免原老中田沼意次（1719
年～ 1788 年）餘黨，重建以御三家（德川將軍本家的三個
家族）為核心、以譜代大名（曾與德川氏有主從關係的諸
侯）為後盾的老中協議體制；實行抑商政策。廢除田沼意次
時代建立的鐵、銅、石灰、硫黃、人參等的專賣商行，對慶
長年間（1596 年～ 1614 年）以來發展起來的御用商人分別
給以整治。在江戶設立町會所，調整物價；實行重農政策。
獎勵種植糧食作物，限制種植經濟作物，儲糧備荒、造林、
治水。1790 年～ 1794 年，一再發布《舊里歸農獎勵令》，
在江戶設立「浮浪者收容所」，勸導城市遊民歸鄉務農，禁
止農民離鄉入城，以確保農村勞動力；振興武家綱紀，獎勵
武士習文練武，取締私娼和藝妓，禁止色情文學和男女混浴；
1789 年頒發《棄捐令》，宣布廢除旗本、御家人的債務；整
頓財政。1788 年發布《節儉令》，要求士農工商嚴格遵守等

級身分制，禁止奢侈享樂。削減幕府經費 1/2、將軍家內用度 1/3，連同江戶城削減下來的經費中提取七成，作為救濟貧民的費用和低貸資金，稱為《七分金積存法》；禁止異學。1790 年制定《異學禁令》，重申朱子學為「正學」，朱子學以外的「異學」一律禁止。著名政治思想家林子平（1738 年～1793 年）遭受處分，所著《海國兵談》列為禁書。將蘭醫學館劃為幕府專有，遏制蘭學傳播。提倡抑商重農振武禁異端等政策。

最終松平定信的改革，未能重振農村經濟，也阻擋不住商品貨幣經濟的發展，招致商人、上層武士和廣大農民的不滿。當時民間就有這樣一首諷刺歌謠，說：「白河（指白河藩主松平定信）水清難養魚，田沼渾濁堪懷念。」

10.《海國兵談》

海國兵談，政論書，全書 16 卷，作者林子平，江戶末期著名政治學者，寬政三奇人之一。

書中極力渲染俄國南下威脅，主張充實海防，當時幕府方面壓制民間干預政治，所以作者並未找到願意出版該書的機構。但作者沒有放棄，歷時四年（1787 年～1791 年）自籌經費雕版印刷，終於使本書得以面世。不久，寬政改革伊始，政治空氣日趨緊張，本書版木被政府沒收。此後，作者堅持手抄，手抄本在民間亦不斷衍生，最終使本書得以流傳後世。

本書緊扣日本地理上的島國特徵，認為如果沒有強大的海軍以及遍布全國的炮臺守備，擊退外國勢力將是不可能的事情，特別是作為政治中樞的東京，極有可能直接遭受敵國來自海上的攻擊，作者主張在江戶灣（東京灣）入口處配置忠於政府的有力諸侯。

此外，為建設一支強大的海軍，作者認為幕府權力以及經濟實力亟需進一步強化。19 世紀早期，幕府所採取的江戶海防強化政策，實際即來自本書所闡述的海防觀點，本書被後人視作幕末海防論毋庸置疑的起點。

11. 大鹽平八郎之亂

大鹽平八郎，名後素，字子起，通稱平八郎，江戶時代後期陽明學派儒者。大鹽平八郎，幕末學者，1793 年～1837 年在世。大鹽平八郎因為到處為窮人鋌而走險，因而受到大多數明治維新志士的崇拜，他的英勇事蹟鼓舞了志士的武力倒幕鬥爭，後來他被推崇為「民權的開宗」，成為自由民權論者攻擊專制政府的一大精神支柱。

大鹽平八郎自幼好學，十四五歲時第一次看到自己的家譜不過是一名市吏，覺得慚愧，發憤以功名氣節實現祖先之志。於是以青年人的無比熱情學習文武兩道。經過五年勤學苦練，終於成為一名合格的武士。

　　20 歲以後進一步接觸到社會現實，從而發覺昔日的功名氣節之志只是從好勝心出發。同時感到自己沒有學問修養，而且高傲自大，許多地方違背道理，便立志學習儒學，根除弊病，提高素養。這是第二大轉捩點。

　　然而當時學術界的風氣是熱衷於訓詁，嚴重脫離實際，不僅不能醫治自己的「心病」，反而加深舊弊。正當此時，發現了明朝儒家呂新吾的《呻吟語》，透過它第一次知道了陽明學。這是第三次大轉捩點。以此為契機，終於達到了以誠意為目的，以致良知為手法，排斥外界的感誘，弄清心的本意 ── 天理的境地。

　　陽明學雖然是高度的唯心論，但它倒是標榜以德行為第一的實踐主義 ── 所謂「知行合一」的哲學，而大鹽又加以發展，把它和現實緊密結合起來，成為一種對社會有用的學問。因此在他的眼前，腐朽的幕藩體制的弊病在城市和農村到處以難以挽救的醜態暴露出來，不得不使他關心政治。而這種關心，隨著社會矛盾的激化而日益提高。

　　當初大鹽只是公務之餘進行講學，後來隨著名聲提高弟子越來越多。1823 年至 1824 年三十一二歲的時候，在自己家裡開辦學塾，取名為「洗心洞」。還制定入學盟誓八條，排除空頭理論，嚴格實行大鹽學的宗旨 ── 務實。

　　在天保饑饉中，大阪東西奉行所無力應對局面，一慣同情和幫助窮人的大鹽平八郎挺身而出，變賣自己的全部藏

書，得黃金 620 兩，將它分給一萬戶窮人，每戶得金一朱
（按時價可購白米二升弱）。窮人在對大鹽感謝的同時，對奉
行所的微細救濟十分不滿。但是奉行所認為大鹽的救濟不按
規定辦事，指責他違法，要進行處理，這樣更加激起了窮人
的憤怒。

　　進入天保八年（1837 年），大鹽平八郎看到窮人餓死
得越來越多，而當局卻束手無策。雖然自己傾家救濟，也是
杯水車薪無濟於事。最後決定鋌而走險，推翻無能的市政府
（町奉行）。町奉行所的與力和洗心洞的學生在大鹽的領導下
祕密製造大炮、彈藥，準備起義。大鹽散發題為「致天賜各
村小前書」的檄文，與其門下的與力、同心、富農等共同策
劃，因一名同心叛變，被迫比預定日期提前八小時行動。他
們向貧農、市內貧民、部落民發出號召，舉「救民」大旗，
鳴炮前進，燒光大阪市街的五分之一，包括豪商連軒的碼頭
等在內。參加舉兵者約三百人，一天內即被鎮壓。但官吏們
狼狽不堪，醜態百出，甚至指揮作戰的兩名大阪町奉行都跌
落馬下。大鹽潛伏四十天後被發現，自殺而死。起義的規模
雖小，但對貧民和貧農的影響很大。檄文被當成臨摹的字帖
進行傳抄，暴動被編成戲劇、評書和諷刺時事的民歌而傳遍
全國。各地相繼發生自稱「大鹽餘黨」、「大鹽門徒」的暴
動，如越後柏崎的生田萬之亂、攝津能勢的山田屋大助之亂
和備後尾道、三原一揆等。

12. 蠻社之獄

　　幕府為了進一步加強鎖國和對外強硬政策，對開明的洋學者加以嚴厲鎮壓的事件。高野長英、渡邊華山以及翻譯《泰西內科集成》的蘭醫小關三英、幕臣江川英龍、川路聖謨、二本松藩儒家安積艮齋等當時對蘭學懷有濃厚興趣的知識分子，自1832年（天保三年）互相交遊，組成尚齒會（也稱蠻社），建立研究國內外形勢、共同討論政治經濟問題的團體。1837年發生摩裡遜號事件後，洋學者論述世界形勢、批評幕府。特別是渡邊華山著《慎機論》，談到歐洲力量很強大；高野長英著《夢物語》，主張撤銷《異國船驅逐令》。尚齒會集中了幕政的批判者，受到老中水野忠邦的心腹目付鳥居耀藏的監視。1839年，以計畫偷渡小笠原島、與大鹽平八郎通謀等為藉口，全部加以逮捕（小關自殺）。但在審問過程中，暴露了罪名純屬虛構，故定成批評政治罪，華山蟄居原籍，長英監禁終身，另有同志町人三名在審問中病死。具有自由清新氣息的洋學，因幕府的不斷壓制而逐漸畏縮，御用學問的傾向日益增強。

13. 天保改革

日本江戶幕府的幕政和藩政改革。實行於天保年間
（1830年～1843年），故名。與享保改革、寬政改革並稱
江戶時代三大改革。享保、寬政年間的幕政改革，均未能從
根本上緩和嚴重的社會矛盾，至天保年間，社會矛盾更趨尖
銳。1832年～1837年，天災頻仍，導致農業歉收和全國性
大饑饉，農民起義頻繁發生。為維護封建統治，幕府在首席
老中水野忠邦主持下再次實行改革。

改革始於1841年，有以下要點：1、鞏固幕藩領主制經
濟基礎，限制農村人口流入城市，強迫外流的農民返鄉，嚴
格限定農民外出做工期限，嚴禁農民從事副業生產。2、抑制
物價上漲，實行公定價格，禁止奢侈，矯正風俗，嚴格限制
城鄉人民生活，並且解散「株仲間」（同業公會），以廢除
其對商品的壟斷權，實行自由交易，增加江戶商品進貨量。
3、為增強幕府經濟實力，穩定財政收入，1843年9月發布
《上知令》（封地調換令），宣布將江戶城周圍10（日）里、
大阪城周圍4（日）裡範圍內的大名、旗本領地收作幕府直
轄領地。4、為避免重蹈中國清朝在鴉片戰爭中慘敗的覆轍，
緩和同西歐列強的緊張關係，幕府撤銷1825年的《異國船
驅逐令》，發布《燃料淡水供給令》，只要外國船隻有求，
就可以供應燃料、淡水和食品。5、實行富國強兵政策，加

強對江戶灣等戰略要地的警備，以鞏固海防。幕府的對內改革措施實質在於抑制商品經濟的發展，維護和加強封建領主所有制，因此未能緩和尖銳的社會矛盾，反而導致經濟混亂，引起社會各階層的不滿。1843 年 9 月水野忠邦下臺，改革失敗。

在幕府改革前後，各藩也進行了改革，其中薩摩藩（鹿兒島縣）、長州藩（山口縣）、肥前藩（佐賀縣）等西南強藩的改革具有重要意義。薩摩藩改革前負債累累，出身下級武士的家老調所廣鄉 1827 年上臺後，以賴帳的辦法實際上取消了對三都（江戶、大阪、京都）大商人的債務關係。為增加財政收入，致力於引進先進農業技術以提高產量，發展商品經濟，實行紅糖藩營專賣制度。軍事上採用洋式炮術，製造槍炮、火藥。其改革為以後藩主島津齊彬實行殖產興業、充實洋式軍備的政策開拓了道路。在長州藩，主持藩政改革的村田清風致力於新士風和武士教育，同時壓縮財政開支，以 37 年為期償還藩和武士借債，以整理借債。緩和專賣政策，減輕租稅，並加強以下關為據點的藩營商業和海運活動，獎勵洋學，採用洋式兵術。在肥前藩，藩主鍋島直正在農村實行均田制，推行陶器和煤炭的專賣政策，並鑄造大炮，建築炮臺，以增強軍備。在中下級武士參與並領導下，以整頓財政和富國強兵為目標的藩政改革基本上取得成功，奠定了左右幕末政局的經濟和軍事基礎，給予日後的樹立維新政權運動以重大影響。

八、幕末和明治時代

1.《日美親善條約》與《日美友好通商條約》

《日美親善條約》是日本明治維新之前，江戶幕府與培理締結的打開鎖國的第一個條約。1854 年（安政元年）3 月簽訂於神奈川，故又稱《神奈川條約》。日本方面的全權代表是大學頭林緯、町奉行井上覺弘等。條約同意美國船隻在下田、箱館兩港停泊和購買物品，同意在下田設置領事等，同時規定了最惠國條款。5 月在下田簽署《親善條約》的附件，作了更詳細的規定。1857 年又簽訂《下田條約》。這些條約後來被 1858 年簽訂的《日美友好通商條約》所吸收。

《日美友好通商條約》是繼《日美親善條約》之後，江戶幕府同哈利斯締結的第一個承認貿易自由和通商開國的條約。1858 年（安政五年）6 月 19 日簽字。日本方面的代表是下田奉行井上清直、目付岩瀨忠震。1860 年（萬延元年）在華盛頓互換批准書，這時有名的日本船咸臨丸橫渡太平洋。1858 年日本同荷蘭、俄國、英國、法國簽訂了內容大致相同的條約，總稱《安政五國條約》，通稱《安政臨時條約》。除已根據《日美親善條約》開放的下田、箱館港外，同意在近期內開放神奈川、長崎、新潟、兵庫等港口，並在開放港口劃定外僑居地，在其周圍開設遊覽區；承認外國人

為進行商業活動而在江戶、大阪停留；還規定了領事裁判權。條約雖以自由貿易為原則，但規定了許多不平等條款，如關稅率要用另訂的貿易章程協商決定，從而否定了關稅自主權等。這一條約一直持續到 1894 年（明治二十七年）簽訂的《日美通商航海條約》在 1899 年生效時為止。

2. 井伊直弼

井伊直弼是日本的近江彥根藩主、江戶幕府末期的大老。1858 年 4 月 23 日即位。他最著名的事蹟是與美國簽訂日美修好通商條約，賦予美國商人與海員治外法權，並開放港口。

1850 年（嘉永三年）其兄死亡而繼任彥根藩主。圍繞第十三代將軍德川家定的繼嗣問題，他作為譜代大名「溜間」值班室的代表，擁立與將軍血緣相近的紀州藩主德川慶福（後改稱德川家茂。此派稱南紀派）。另一派是主張限制幕府獨裁、實行強藩合議制的家門和外樣大名，他們推舉當時以英明著稱的一橋慶喜（稱一橋派）。兩派發生對立。直弼於 1858 年（安政五年）4 月就任大老後立即決定慶福繼嗣，並且不待天皇同意就簽訂《日美友好通商條約》等安政五國條約。由此引起尊攘運動，他則利用安政大獄鎮壓反對派。但是，對大獄抱有反感的水戶、薩摩的浪士們於 1860 年（萬延元年）3 月 3 日，在直弼入朝理事途經櫻田門外時將其暗殺。

3. 安政大獄

安政大獄是 1858 年（安政五年）大老井伊直弼對尊王攘夷運動進行的一次大鎮壓。由於在《日美友好通商條約》簽字問題和將軍繼嗣問題上，一橋派、尊攘派掀起的反對運動日益激化，大老井伊直弼接連採取鎮壓措施。

1858 年 4 月，南紀派的井伊就任大老，井伊斷然確定條約的締結和家茂的將軍繼承權。水戶前藩主德川齊昭（齊昭已經退位，但是藩政實質上被他所控制），水戶藩主德川慶篤（齊昭之子，不過實權被父親掌握），尾張藩主德川慶勝，福井藩主松平慶永等批評井伊的政策，不過，井伊對他們作出了退休等謹慎的處分。1859 年 8 月，計畫對朝廷採取行動的水戶藩，他們議定的《戊午的密敕》被搜出，大約同一時間，幕府方面的調諧者的關白九條尚忠被撤職。而且因為這個緣故，在 9 月老中間部聯絡所司代酒井忠義，以逮捕梅田雲浜作為鎮壓行動的前端而開始了。

在京都被捕獲了的志士們被送去江戶。也有在江戶被捉住，甚至從藩地被捕的也有。他們在江戶傳馬町的監獄接受了審判之後，分別以剖腹自殺或死刑等嚴酷的刑罰處死。幕閣川路氏和岩瀨忠震等幕臣也被處罰。這時，關於這次政治逼害的幕後黑手被認為是大老井伊本人。

包括一橋派的德川齊昭、一橋慶喜、松平慶永、德川慶

恕等人在內，受株連的有公卿、大名、幕吏、志士達一百多人，吉田松陰、橋本左內、越三樹三郎等八人被處死刑。這次大獄引起人們的反感，終於在 1860 年（萬延元年）發生櫻田門事變。

及後，隨著井伊在 1860 年 3 月櫻田門外被暗殺，這次政治逼害也結束了。幕閣中一橋派的勢力復活，文久的改革被進行，將軍家茂和和宮的婚禮向公武合體路線發展。因為安政大獄導致幕府的政治道德降低和人才的缺乏，由於反幕派的尊攘活動也激進，因此成為幕府滅亡的原因。

4. 吉田松陰

吉田松陰（名矩方，字義卿），生於天保元年八月四日（即西元 1830 年 9 月 20 日），卒於安政六年十月二十七日（即西元 1859 年 11 月 21 日），乃日本的長州藩出身的武士，是日本江戶幕府末年的思想家、教育家、兵法家。名列明治維新的精神領袖及理論奠基者。

吉田松陰在天保元年八月四日生於日本西南長門國萩藩東面松本村的團子岩（現山口縣萩市椿東椎原），本姓為杉，在天保五年（1834 年），年僅五歲的吉田松陰入嗣吉田家成為養子，易名吉田大次郎。翌年，因叔叔吉田大助的早逝而承襲吉田家的職位，成為長州藩毛利家的兵學教習，年俸有 57 石。為了履行作為兵學教習的職責，吉田松陰自少便

師承叔父玉木文之進的嚴厲教育，學習山鹿流兵法。在天保十一年（1840年），吉田松陰以年僅十歲的幼齡親自向藩主毛利敬親講解《武教全書》戰術篇。兩年後，叔叔玉木文之進開設名為松下村塾的私塾，此塾日後成為松陰講學之地。

弘化二年（1845年），松陰開始向另一位兵法家山田亦介討教長沼流兵法。經歷了在九州的平戶藩的留學之後，受命陪同藩主參與參觀交替，前往江戶覲見將軍。在江戶期間，拜受學者佐久間象山，因表現出色而被佐久間象山讚許是二個能令天下大治的人物之一，和佐久間象山門下出色的門生小林虎三郎齊名，因小林的名字和松陰乳名同時有「虎」字，故二人同時被稱作「象門二虎」。

當時，正值幕末外國屢催迫幕府開國，加上第一次中英戰爭清廷大敗於英國，更令日本朝野的危機意識增加，松陰亦受當日的危機氛圍所影響。隨著在1851年，魏源增訂的世界地理志書《海國圖志》流入日本，以及1853年美國的培裡準將率艦隊來航，松陰開始打算前往外國留學，不過在當時，幕府是嚴禁臣民出赴遠洋的。松陰也因此被囚於囚禁武士的野山監獄，並於其中開始其開國倒幕的講學時期。

在長州藩的野山監獄中，為了改變和他同囚的十一個人的消極意志，於是松陰便向他們講授孟子，自始便開始他的講學生涯。1855年正月，松陰在野山獄中，訂定名為《士規七則》的武士訓誡，宣示武士應當以五倫為要，忠孝為本，

以輔翼君主。同年十二月，被安排由囚禁獄中改作生父杉家中軟禁，講學基地亦遷往家中，在家中承叔叔玉木文之進私塾松下村塾之名再行講學，其中很多在幕末參與維新的長州藩志士如木戶孝允、高杉晉作、伊藤博文、山縣有朋、久阪玄瑞、吉田稔麿等皆曾向吉田松陰受教。

　　吉田松陰的思想是尊王的，強調天皇的超然地位及萬民對皇權的歸順。而另外，他不同意幕府凌駕萬民，僭越皇權而統治天下的狀況，認為萬民應在平等的情況下共同輔助皇權，對幕府的權威加以否定。

　　繼 1854 年德川幕府對美國開國後，1858 年幕府在大老井伊直弼的主持下，和美國、英國、法國、俄國、荷蘭簽訂通商條約，激起朝廷和討幕志士對幕府的不滿，松陰亦大肆指摘幕府的外交政策。井伊直弼為遏止討幕攘夷派系的攻擊，便派遣老中間部詮勝進入京都拘捕尊攘志士，身在長州藩的吉田松陰透過門下在江戶、長州藩、長崎以及由東北至九州全國各地的線眼掌握當日的情勢發展，並計畫行弒間部詮勝，並敦促長州藩府起兵討幕。然而，長州藩當時無意公然反抗幕府，於是在安政五年（1858 年）十二月便以蠱惑人心的罪名將吉田松陰拘捕，並在次年五月將之押解江戶傳馬町監獄。松陰對幕府坦白招供意圖暗殺間部的計畫，並敘述了自己尊王討幕的思想，同年十月二十七日上午，在江戶傳馬町監獄中被問斬，終年 29 歲。

5. 寺田屋事件

這是 1862 年（文久二年）4 月 3 日發生在京都近郊伏見的水路運輸行寺田屋的薩摩藩尊攘派志士被害事件。當時，薩摩藩主之父島津久光企圖進京實現強藩聯合、「公武合體」，藩士有馬新七、田中謙助等想借此機會舉兵討幕，他們集結在寺田屋，計畫先殺害關白九條尚忠和京都所司代酒井忠義。島津久光聞訊後，派奈良原喜八郎等九人前去鎮壓，雙方發生武鬥。有馬等六人死亡，田中等二人重傷，翌日被命自殺。原先彙集在京都的尊攘志士寄厚望於島津久光，而該事件後，一時之間再也不敢輕舉妄動。特別是薩摩藩的激進派，受到藩公島津久光的無情鎮壓後，元氣大傷。

6. 生麥事件

生麥事件是江戶幕府末期殺傷外國人的一次事件。1862年（文久二年）8 月，進行幕政改革的島津久光從江戶回藩，途經橫濱附近的生麥村時，薩摩藩士以四名英國人騎馬行走攪亂佇列為由，砍死其中一人，砍傷二人。英國要求幕府、薩摩藩懲處兇犯和支付賠償費。幕府支付了賠償費十萬英鎊。但當時正是攘夷運動興盛之際，肇事者薩摩藩拒絕英國的要求。英國為了報復，翌年派艦隊炮擊鹿兒島（薩英戰爭）。以此為轉機，薩摩藩轉而採取開國方針，與英國接近。

7. 蛤御門之變

又稱「禁門之變」、「元治甲子之變」。發生於 1864 年
[元治元年（甲子）]8 月 20 日的事變。在此前一年文久三
年八月十八日政變中喪失京都地盤的長州藩，為恢復勢力，
曾要求洗雪藩主父子的冤罪和赦免七名尊攘派公卿，但未獲
准。翌年六月發生池田屋事件，長州藩士被殺。於是，向京
都進軍的氣勢驟然興起，福原越後、國司信濃、益田右衛門
介等三名家老終於率兵進京。

1864 年 7 月 19 日，長州藩獲知「池田屋事件」後，全
藩非常憤怒，於是由長州藩的尊攘志士率領藩兵前往京都奪回
天皇與京都，日本尊王攘夷派志士久阪玄瑞等率長州藩兵入
京都，一八六四年八月長州軍到達京都後，立刻與幕府聯軍
（幕府軍，薩摩藩軍，會津藩軍等）展開激戰，長州軍的大炮
還對著皇宮猛轟，最後長州軍由於寡不敵眾而慘敗，大部分志
士都在這場戰爭中戰死或切腹自殺。因為雙方在皇宮九個禁門
之一的蛤御門附近的戰鬥最激烈，所以稱為「禁門之變」。

在七月十九日的戰鬥後，京都由於長州兵的進犯而
化為火海。大火三天後才被撲滅。上京的八百二十九町
中一百七十六町被燒毀，二萬四千五百七十四間房中
五千四百三十五間化為灰燼。下京的災情更為慘重：二萬
四千八百四十間房中有二萬三千九十二間被毀，維新後花了

很長時間才得以修復。三都之首的京都昔日繁華的街道上屍
體狼藉。

而後久阪玄瑞等戰敗自殺。8 月 24 日，幕府策動天皇下
詔，發動第一次征討長州藩的戰爭。英、美、法、荷四國聯
合艦隊也於 9 月 5 日再次進攻下關，長州藩在內外夾攻下失
敗，對幕府屈服。這成為幕府第一次征伐長州的導火線。

8. 征伐長州

是指幕府末期江戶幕府和長州藩之間的兩次大規模的戰
爭。戰後幕府的統治嚴重動搖，成為明治維新的契機。

第一次征伐長州以禁門之變時長州軍向皇宮開炮為藉
口，1864 年（元治元年）7 月天皇下令幕府追討長州藩。幕
府企圖在征長總督前尾張藩主德川慶勝指揮下出動各藩的軍
隊，但薩摩藩的西鄉隆盛避免置長州一藩於死地，主張用離
間長州本藩與支藩、分裂其內部的辦法壓制長州藩。長州藩
在四國艦隊炮擊下關事件後藩內保守派得勢，採納支族吉川
經幹的意見，斬福原越後、益田右衛門介、國司信濃等三名
家老和四個參謀，向幕府表示順從。幕府軍不戰而於 12 月下
令撤兵。

高杉晉作等為了從保守派手中奪取長州藩的主導權，
1864 年（元治元年）12 月至 1865 年（慶應元年）初在馬
關（下關）舉兵，成功地奪取了藩政權。江戶幕府認為長州

企圖作亂和私自與外國交易，上奏朝廷再次征伐長州，1865
年 9 月獲天皇批准。但朝廷及各藩反對再次征伐的氣氛強
烈，特別是薩摩藩拒絕出兵。1866 年 6 月，幕府軍開始同
長州軍交戰。但幕府軍的後方受到大阪、江戶的搗毀運動和
農民起義的威脅，戰況也不利。長州方面則加強全藩軍事體
制，諸隊和農兵隊士氣旺盛。因此幕府在十四代將軍德川家
茂病死在大阪城以後，8 月接到朝廷關於停戰的命令，年底
以孝明天皇死的機會，向全國宣布撤兵令。由於第二次征伐
長州的失敗，幕府威信喪失殆盡，自此以後，幕府為中心的
統治體制迅速崩潰。

9. 薩長同盟

　　薩長同盟是日本江戶幕府時代末期（幕末）的 1866 年，
在薩摩藩與長州藩間締結的政治、軍事性同盟。

　　幕末時日本諸藩當中，以薩摩藩和長州藩最具政治上的
影響力。雖然當時雙方都已經有武力討伐幕府（討幕）的打
算，但因為西鄉隆盛、大久保利通主導下的薩摩，曾於 1864
年的禁門之變中將長州勢力逐出京都，並參與第一次長州征
伐（幕府與長州間的戰爭），故雙方對彼此都懷有敵意。

　　然而透過脫藩的原土佐藩士阪本龍馬與中岡慎太郎的斡
旋，推動雙方巨頭進行會談。1866 年陰曆 1 月 21 日（一說
是 22 日）在京都薩摩藩邸，以阪本龍馬為中間人，薩摩方

的西鄉隆盛、小松帶刀與長州藩的木戶孝允締結內容六條的同盟之約，決定在打倒幕府（倒幕）上進行合作。後來以薩長兩軍為骨幹的官軍擊敗幕府軍，幕府將大政奉還於天皇，開啟了日後明治維新的契機。

10. 德川慶喜 —— 最後的將軍

德川慶喜（1838 年～ 1913 年），生於天保八年九月二十九日（1837 年 10 月 28 日），卒於大正二年（1913 年）十一月二十二日。江戶幕府（德川幕府）第 15 代將軍，也是末代將軍。水戶藩主德川齊昭的第七子。德川慶喜是德川幕府中的末代將軍，也是德川幕府中壽命最長的將軍。

出生於德川御三家之一的水戶家，父為德川齊昭，母登美宮吉子為齊昭的正室，慶喜在眾多兄弟中排行第七。1847年（弘化四年）繼承一橋家。在將軍家定的繼嗣問題上，被所謂一橋派擁立，與井伊直弼等南紀派推舉的家茂相爭而失敗。安政大獄時，受「隱居」、「謹慎」處分，井伊死後獲赦。慶喜面對日漸衰落，原希望在繼承後借助法國協助進行西化（取得法國貸款 600 萬美元以招募法國軍官、購買兵器及船隻，並組成日法的公司發展工商貿易），重提公武合體以改革幕政。

1862 年（文久二年）幕政改革後，擔任將軍後見職，推行維持幕權、公武合體的政策。1866 年（慶應二年）第十四

代將軍家茂死後，慶喜任將軍。在法國公使羅什的建議和援助下，吸取歐式制度進行幕政改革，設想建立一個以德川氏為中心的統一權力結構。不料 1866 年 7 月，法國新外相穆斯蒂（Marguisde Moustiers）出掌政府，不再支持法國公使羅叔亞聯結幕府的外交路線，反而與英國採取同一陣線，傾向組成解除幕府的公議政體；慶喜頓失外援，加上在 1866 年尾，一直支持公武合體，反對倒幕的孝明天皇暴斃（因此有傳是倒幕派所為），更使慶喜維護幕府政權合法性的美夢幻滅。

在 1867 年 6 月，土佐藩的阪本龍馬及後藤象二郎定下「船中八策」，主張幕府奉還大政，組成以天皇領導的大名公議政體，更取得薩摩藩、土佐藩及安芸藩簽訂約定書支持。1867 年 9 月，薩摩藩及長州藩達成出兵協定，後再加入芸州藩組成倒幕同盟；10 月，三藩代表更在京都集合，取得天皇討幕密詔，決意出兵。慶喜為避免一場日本內戰，主動在二條城裡舉行了大政奉還的儀式，於 1867 年 10 月 14 日奉還大政，將大政奉還予天皇。天皇頒布《王政復古令》，廢除幕府。慶喜希望以此作為苦肉計，以令最終能在新政體下保留實力，以便爭回主導權。不過倒幕同盟並不信任幕府舉動，決心發動以「王政復古」為名的政變，建立由天皇主導的新政府。

慶喜面對朝廷及倒幕派的苛刻要求，迫於一戰，帶領幕府

軍一萬五千人由大阪進攻京都，決戰為數五千人的政府軍，最後幕府軍卻於鳥羽及伏見兩地大敗，慶喜只得逃回江戶。

最後，慶喜在海軍奉行勝海舟遊說下，同意投降，在1868 年 5 月，德川慶喜交出江戶，改封於靜岡，領 70 萬石地，江戶在德川幕府 265 年的統治下結束。1868 年處分德川氏時，決定由田安龜之助（德川家達）繼承宗家，封於駿府七十萬石。7 月慶喜遷至駿府。

11. 大政奉還

大政奉還，發生於慶應三年（1867 年）10 月，第 15 代將軍德川慶喜把政權還給了天皇，標誌著持續 260 多年的德川幕府統治結束。大政奉還標誌著日本封建時代的結束、近代日本的開始。

第二次征長戰爭之後，幕府已失去統治日本的能力。因此，大部分的維新派人士都覺得日本的政治架構應重新建造，否則日本便成為一個各藩割據的分裂國家。而土佐藩的維新志士阪本龍馬極力提倡「大政奉還論」，大政奉還的主要內容是「要求幕府把政權交還給朝廷」，「設立上下兩個議會」，「訂立憲法」等。土佐藩的前藩主山內豐信認為新立法機關的首長應仍然由將軍擔任，於是他便寫了一封《大政奉還論建白書》呈給幕府。當德川慶喜收到這封《大政奉

還論建白書》後，便一口答應大政奉還的要求，因為幕府可以藉著大政奉還重新掌握統治日本的權力。1867 年 11 月 10 日，明治天皇答應收回德川慶喜交出的政權。

大政奉還後，朝廷下令各藩主馬上前來京都共商國策，可是只有幾個藩主上京，其他絕大多數的藩主都按兵不動，因為他們不太清楚大政奉還是什麼一回事，以免得罪幕府。如果再這樣下去，朝廷只可要求幕府暫時繼續掌管政權，因為朝廷收回政權，卻命令不到全國各藩主，而倒幕派的薩摩藩及長州藩認為在這種情況下，只有以武力推翻幕府政權，新政府才能順利成立。

1867 年 12 月 8 日，薩摩藩主島津忠義率領三千藩兵從鹿兒島分乘四艘軍艦前往京都，在此之前薩摩藩已有七千藩兵駐紮在京都，於是薩摩軍的總兵力達到一萬，長州藩則由藩主毛利內匠率領一千二百名諸隊隊員進駐大阪西方的西宮，另外又派遣一千三百名諸隊隊員進駐尾道候命，而安芸藩也派遣三百名藩兵進駐京都，雖然倒幕派已經布好討幕陣勢，但是討幕之戰並沒有馬上發生，因為親幕的會津藩及桑名藩也派出重兵駐守京都，加上德川慶喜親自率領的幕府軍仍留在京都市內的二條城，倒幕派不敢輕舉妄動。

1867 年，薩摩、長州、安芸等藩組成討幕聯盟，策劃武力討幕；與此同時，人民群眾的反封建鬥爭席捲了包括京都、大阪、橫濱、江戶等大城市在內的幕府管轄區。幕府的統治

搖搖欲墜。在這種情況下，德川慶喜採取以退為進的策略，1867 年 10 月 24 日他假意向朝廷提出辭職，將政權交還明治天皇，稱為大政奉還。

12. 戊辰戰爭

　　1867 年日本孝明天皇死，明治天皇即位。1868 年（戊辰年）1 月 3 日，天皇發布《王政復古大號令》，廢除幕府，令幕府將軍德川慶喜「辭官納地」。8 日及 10 日，德川慶喜在大阪宣布「王政復古大號令」為非法。1 月 27 日，以薩、長兩藩為主力的天皇軍 5,000 人，在京都附近與幕府軍 1.5 萬人激戰，德川慶喜敗走江戶。戊辰戰爭由此開始。天皇軍大舉東征，迫使德川慶喜於 1868 年 5 月 3 日交出江戶城，至 11 月初平定東北地區叛亂諸藩。1869 年春，天皇軍出征北海道，於 6 月 27 日攻下幕府殘餘勢力盤踞的最後據點五畯廓（在函館），戊辰戰爭結束。

13. 明治天皇

　　明治天皇（1852 年～ 1912 年），名睦仁。出生於嘉永五年（1852 年）11 月 3 日，是孝明天皇的第二皇子。母親是英照皇太后。但真正的生母是權大納言中山忠能的女兒，名中山慶子，又名典侍慶子。萬延元年（1860 年），他被定為儲君，並賜名睦仁。

　　1867 年（慶應三年）倒幕運動開展之際，孝明天皇驟然死去，睦仁十六歲繼承皇位。翌年 1 月 9 日，舉行踐祚典禮。在革命分子的鼓舞之下，12 月 9 日斷然實行「王政復古」。慶應四年（1868 年）1 月，倒幕派發動政變，迫使將軍德川慶喜把政權交給天皇睦仁。1868 年 3 月發布《五條誓約》，9 月改元明治，採取「一世一元制」。同年 7 月改稱江戶為東京，翌年以舊江戶城為皇宮，總攬統治大權。明治新政府的官僚在天皇權威的基礎上保持政權。接著，倒幕軍在京都附近打敗幕府軍，不久又進占江戶。12 月，明治天皇返回京都，與一條美子（昭憲皇太后）舉行大婚之禮。明治二年（1869 年）明治天皇再度抵達東京，並定東京為首都，以圖一新人心。接著，在明治政府推動下，接二連三地推出版籍奉還、廢藩置縣、制定徵兵令等前所未有的大改革。1869 年宣布「版籍奉還」（版是領地，籍指戶籍），1871 年實行廢藩置縣，1873 年著手地稅改革。1882 年（明治十四年）發布《軍人敕諭》。1889 年制定《大日本帝國憲法》和《皇室典範》，1890 年召開帝國議會。1890 年 10 月發布《教育敕語》。這些形成近代天皇制國家的基本法律和意識形態的支柱。

　　對外，明治天皇於 1894 年～ 1895 年發動中日甲午戰爭，1904 年～ 1905 年進行日俄戰爭。隨著甲午戰爭、日俄戰爭的勝利，明治天皇越發確立了至高無上的地位。

明治四十五年（1912 年）7 月 30 日凌晨零時四十三
分，明治天皇由於尿毒症去世，享年 61 歲（虛歲）。他在
位四十五年期間，日本資本主義迅速發展，並走上了軍國主
義、帝國主義的道路。他的一生可以說是日本近代國家誕生
的同義字。明治天皇的陵墓為京都的伏見桃山陵。

14. 奉還版籍與廢藩置縣

奉還版籍是明治政府採取的中央集權的政治措施之一。
1869 年（明治二年）6 月實施。採取各藩主奉還版（土
地）、籍（人民）於朝廷的方式，加強了中央政府對藩的控
制力量。1868 年 10 月曾制定藩治職制，統一藩的官制，打
開了政府干涉藩政的道路。從這時起，木戶孝允和大久保利
通等就進行策劃。1869 年 1 月，薩、長、土、肥四藩的藩主
提出「奉還版籍」的建議，大部分藩皆在 3 月以前效法奉還。
5 月向上局會議和公議所進行諮詢，6 月進行改革，藩主依次
被任命為知藩事。

1871 年（明治四年）7 月廢除全國各藩，統一為府縣，
是建立中央集權政權的一項劃時代的政治變革。政府曾透過
奉還版籍、改革藩制，促使藩體制解體。此年，在薩、長、
土三藩合作下，調集一萬兵力於東京，並由西鄉隆盛、木戶
孝允、板垣退助、大隈重信等掌握政府中樞，而後召集在京
的各藩知事，命令廢藩。由此，府藩縣三治制廢除，成立東

京、大阪、京都三府和三百零二縣。原為舊藩主的知藩事，其家祿和華族身分得到保證，本人移居東京。各藩的年貢移交政府，債務也由政府承擔。中央任命府知事掌管東京、大阪、京都三府，縣令治理各縣，以代替知藩事，使權力集中於中央。同年 11 月，實行所謂改置府縣，對府縣進行統一、廢除、合計共設三府七十二縣。岩倉使節團的副使伊藤博文訪美時，曾在舊金山發表演說，他一邊想著奉還版籍和廢藩置縣，一邊說：「歐洲廢除封建制度需要進行長時期的戰爭，而日本滴血未流、一彈未發就廢除了封建制度。」

15. 岩倉使團

　　岩倉使團以右大臣外務卿岩倉具視為特命全權大使，以大久保利通（大藏卿）、木戶孝允（參議）、伊藤博文（工部大輔）、山口尚方（外務少輔）為副使，共 48 人，另有 50 多名留學生隨行。這些成員都是王政復古明治維新的主力軍，大多為薩長藩的開明武士，大久保利通、木戶孝允還都是維新三傑（另一人是西鄉隆盛），後來他們歸來戰勝留守派，大力推進維新立憲，岩倉具視做了日本的太政大臣，大久保利通和伊藤博文都做了日本首相。

　　維新政府成立和廢藩置縣成功後，日本新政府為了全面改革和修改不平等條約，決定派出岩倉使節團出使西洋。

岩倉使團於 1871 年 12 月 23 日從橫濱乘美國商船「亞美利加」號啟航，總共訪問了歐美 12 個國家，歷時 1 年零 10 個月。

為改舊約涉重洋，岩倉使團有兩點考察目的，一是向締約國致以「聘向之禮」，並修改不平等條約；二是參觀考察歐美各國先進文化和制度，以備日本實現現代化的參考。前太政大臣三條實美對其寄予很大希望，臨別致詞說：「外交內治，前途之大業，其成與否，實在此舉。」顯然，這次使節團的出訪，是與日本命運攸關的重大舉動。

岩倉使團首到美國，受到美國總統格蘭特和國務卿菲什的熱情接待。但他們提出談判修改條約後，對方以沒有國書和委任狀為由拒絕談判。等到派人回日本弄到國書和委任狀後，交涉卻中止了。木戶孝允在日記中沮喪寫道：「彼之所欲者盡與之，我之所欲者一未能得，此間苦心竟成遺憾，唯有飲泣而已。」然後來到歐洲又提修約，日本的要求遭到英國強硬拒絕，還提出更加苛刻的修約方案，其他法、德、比等國也想趁機獲得更多的特權。但是從此，讓歐美各國看到日本政府維護國家主權的決心。

修約計畫失敗後，使節團便把全部注意力放在對西方的詳細考察上，花一年加十個月，考察美英法比荷德俄丹麥瑞典意奧瑞士等 12 國，耗資達百萬日元（占明治政府 1872

年財政收入的2%以上）。九米邦武在所著的《特命全權大使使美歐回覽實記》，說他們「日日鞅掌，不暇寧處」，廣泛接觸各國首腦政府官員和各階層人民，考察政府機構、議會、法院、公司、交易所，各種工廠、礦山、港口、農牧場、兵營、要塞、學校、報社和福利設施，參觀名勝古跡、博覽會等，全面認識西方文明，「目睹彼邦數百年來收穫蓄積之文明成果，粲然奪目，始驚，次醉，終狂」，還要理性反對那種「爭取莫伊歐洲」的簡單狂熱。

岩倉使團詳細考察，收穫頗多。回國後，在十月政變中獲勝，以大久保為首的內治派（包括使節團的大部分成員）主政，把考察的收穫大部分變成了現實，大力推進明治維新，使日本成了資本主義的後起之秀。日本從此走上順利發展的現代化、現代化道路。

延伸閱讀（二）
日本大事年表

時代	西元紀年	相關事項
舊石器時代	西元前 10000 年	明石人出現於兵庫縣，牛川人出現於愛知縣，三日人出現於靜岡縣。 使用打製石器 —— 握槌、石刀等，生活在岩蔭和洞穴中，未出現陶土器。 日本島地理、輪廓形成今之現狀。
繩文時代	約西元前 300 年	狩獵、採集經濟開始發展。 人口增加，豎穴式住樹發達。 使用繩文土器、磨製石器、骨角器、弓箭等。 有屈肢葬、土偶、拔牙的風俗。 原始農餅開始出現
彌生時代	西元 1 年	大陸文化傳入。 普及水稻種植。 金屬秘器具傳人和使用。 彌生土器。 出現高床住居。 日本出現眾多邦國（西元前二到一世紀）

時代	西元紀年	相關事項
古墳時代	57 年	倭寇國國王向中國東漢朝廷朝貢，漢光武帝授其以金印。
	239 年	倭奴邪馬台國女王卑彌呼遣使赴中國魏廷，魏明帝親授「親魏倭王」封號。
	西元四世紀	日本出現大致統一的全國政權 —— 大和。
		前方後圓墳出現。
	西元 369 年	兵發朝鮮，在任那設日本府。
	西元五世紀	贊、珍、濟、興、武五倭王遣使赴中國東晉、宋。
	527 年	大和朝廷與筑紫磐井進行內戰。
	538 年	佛教傳入日本。
	587 年	蘇我氏滅物部氏。
	593 年	聖德太子攝政。
	603 年	制定冠位十二階。
	604 年	制定《憲法十七條》。
	607 年	派遣小野妹子赴隋。
	630 年	第一次派遣遣唐使。
	645 年	大化革新。
	663 年	白村江之戰敗於新羅與大唐聯軍。
	672 年	壬申之亂。
奈良時代	701 年	完成《大寶律令》。
	710 年	日本天皇遷都平城京（今奈良）。
	712 年	《古事記》完成。
	720 年	《日本書紀》完成。
	723 年	頒布《三世一身法》
	729 年	長屋王之變。

時代	西元紀年	相關事項
平安時代	794 年	遷都平安京。
	805 年	最澄創立日本天台宗。
	806 年	空海創立真言宗。
	857 年	藤原良房攝政，也為藤原氏攝政之始。
	894 年	菅原道真建議廢止遣唐使。
	905 年	完成《古今和歌集》。
	939 年	平將門在關東舉兵反叛；藤原純友於西海反叛。
	1001 年	清少納言撰《枕草子》。
	1010 年	紫式部撰《源氏物語》。
	1017 年	藤原道長任太政大臣。藤原賴通攝政。
	1086 年	白河上皇實施政院。
	1167 年	平清盛升太政大臣。
	1185 年	平家亡於壇之浦。
鎌倉時代	1192 年	源賴朝受命為征夷大將軍。
	1203 年	源賴家被幽禁於修禪寺，北條時政掌握實權。
	1219 年	源實朝、公曉被暗殺（源氏一族不復存在）。
	1221 年	承久之亂。
	1227 年	道元將佛法曹洞宗引入日本。
	1232 年	制定《貞永式目》。
	1253 年	日蓮在鎌倉創立日蓮宗。
	1274 年	元朝軍隊進攻九州。
	1281 年	元朝軍隊再次東征。
	1333 年	鎌倉幕府滅亡，後醍醐天皇還都京都。

時代	西元紀年	相關事項
南北朝時代	1333 年	建武新政。
	1336 年	南北朝對立。
	1338 年	足利尊氏成為征夷大將軍。
	1392 年	南北朝統一。
室町時代	1397 年	足利義滿於京都北山建造金閣寺及鹿苑寺。
	1401 年	足利義滿首次排出遣明船與大明王朝建交。
	1404 年	勘合貿易開始。
	1428 年	正長年間的土一揆（陵內以及周邊為中心頻頻爆發的農民起義）。
	1438 年	永享之亂（幕府討伐足利特氏）。
	1441 年	嘉吉之亂（足利義教為赤松滿佑殺害）。
	1467 年	應仁之亂。
	1477 年	應仁之亂大致平定，京都嚴重受毀。
	1488 年	加賀一向一揆，推翻守護，統治加賀國。
	1489 年	足利義政於東山建造銀閣寺。
	1497 年	一向宗蓮如上人與建石山本願寺。

時代	西元紀年	相關事項
室町時代——戰國時代	1543 年	葡萄牙船艦飄至種子島，火槍傳入日本。
	1549 年	西班牙傳教上沙勿略抵達鹿兒島，天主教傳入日本。
	1555 年	
	1560 年	川中島之戰（武田信玄與上杉謙信開戰）。
	1568 年	桶狹間之戰（織田信長討伐今川義元）。
	1569 年	織田信長擁立足利義昭，入主京都。
	1570 年	織田信長允許天主教傳教。
	1573 年	姉川之戰，織田信長攻克淺並、朝倉兩家。
	1575 年	室町幕府災亡，織田信長討伐將軍足利義昭。長篠合戰，織田信長聯合德州家康擊潰武田勝賴。
安土桃山時代	1582 年	本能寺之變，山崎之戰。
	1583 年	賤之岳之戰。
	1584 年	小牧・長久手之戰。
	1585 年	羽柴秀吉平定四國，成為關白。
	1586 年	秀吉任太政大臣，獲賜豐臣一姓。
	1587 年	豐臣秀吉平定九州。
	1588 年	豐臣秀吉實施「刀狩」，禁止百姓帶刀。
	1590 年	豐臣秀吉征伐小田原，消滅北條氏。
	1592 年	文祿之役（豐臣秀吉出兵朝鮮）。
	1597 年	慶長之役（豐臣秀吉再次出兵朝鮮）。
	1600 年	關原之戰。

時代	西元紀年	相關事項
江戶時代	1603 年	德川家康成為征夷大將軍（江戶幕府建立）。
	1613 年	禁天主教傳教。
	1614 年	大阪冬之陣。
	1615 年	大阪夏之陣，豐臣氏滅亡。
	1637 年	島原之亂。
	1651 年	由井正雪之亂。
	1657 年	明曆大火。
	1682 年	井原西鶴發表《好色一代男》（浮世草子之始）。
	1685 年	德川綱吉下《生類憐憫令》。
	1695 年	依照荻原重秀建議，改鑄金銀貨幣。
	1716 年	德川吉宗成為將軍（1745 年退位，享保改革告終）。
	1732 年	享保大饑荒。
	1772 年	田沼意次成為老中。
	1744 年	杉田玄白、前野良澤出版《解體新書》。
	1776 年	平賀源內完成靜電生成裝置。
	1782 年	天明大饑荒。
	1783 年	淺間山火山爆發。
	1787 年	松平定信成為老中。
	1791 年	《海國兵談》。
	1792 年	俄使節至根室。
	1798 年	本居宣長完成《古事記傳》。
	1800 年	伊能忠敬測量蝦夷地。

時代	西元紀年	相關事項
江戶時代	1804 年	俄國使節至長崎。
	1814 年	瀧澤馬琴出版《南總里見八犬傳》。
	1825 年	發布《異國船艦驅逐令》。
	1833 年	天保大饑荒。
	1837 年	大墮乎八郎之亂。
	1841 年	天保改革。
	1853 年	美國使節培里抵達浦賀。
	1854 年	簽訂《日美親善條約》。
	1858 年	簽訂《日美友好通商條約》。
	1859 年	安政大獄。
	1860 年	櫻田門外之變。
	1862 年	生麥事件。
	1864 年	蛤禦門之變，四國聯合艦隊炮擊下關。
	1867 年	大政奉還，頒布《王政復古大號令》。
明治時代	1868 年	明治維新。
	1869 年	版籍奉還。
	1871 年	廢藩置縣。
	1875 年	江華島事件。
	1877 年	西南戰爭。
	1885 年	中日《天津條約》，實行內閣制。
	1889 年	制定《大日本帝國憲法》。
	1890 年	第一屆帝國議會。
	1894 年	甲午戰爭。
	1895 年	簽訂《馬關條約》。

時代	西元紀年	相關事項
明治時代	1902 年	英日同盟。
	1904 年	日俄戰爭。
	1905 年	日俄簽訂《樸資茅斯條約》。
	1910 年	吞併朝鮮，設置朝鮮總督府。
	1914 年	日本對德宣戰。
大正時代	1915 年	日本對中國提出「二十一條要求」。
	1917 年	《蘭辛－石井協定》成立。
	1918 年	米騷動。
	1922 年	簽訂《華盛頓限制海軍軍備條約》、《九國公約》。
	1923 年	關東大地震。
	1925 年	《治安維持法》、《普通選舉法》成立。
昭和時代	1927 年	昭和金融恐慌。
	1928 年	第一屆普通選舉（眾議院）。
	1931 年	九一八事變（日本稱為滿州事變）。
	1932 年	五一五事件，「滿州國」成立。
	1933 年	日本退出國際聯盟。
	1936 年	二二六事件。
	1937 年	蘆溝橋事變。
	1940 年	日德義締結三國軍事同盟。
	1941 年	日俄締結中立條約。日軍偷襲珍珠港。

時代	西元紀年	相關事項
昭和時代	1945 年	日本接受《波茨坦宣言》，二戰結束。
	1951 年	美日簽訂《舊金山條約》、《美日安保條約》。
	1954 年	日本自衛隊成立。
	1956 年	《日蘇共同宣言》，日本加入聯合國。
	1960 年	簽訂《美日新安保條約》。
	1964 年	東海道新幹線通車，東京奧運會。
	1970 年	日本大阪舉辦世界博覽會。
	1973 年	石油危機，物價狂飆。
	1976 年	洛克希德事件。
	1985 年	《男女僱用機會均等法》。簽訂《廣場協議》。
	1989 年	昭和天皇駕崩。實施消費稅稅制。
平成時代	1990 年	日本泡沫經濟破滅。
	1992 年	《PKO 協力法成立》成立，日本遣維和部隊至柬埔寨。
	1993 年	細川護熙組閣。
	1994 年	村山富市組成社會、自民、先驅黨三黨聯合內閣。
	1995 年	阪神·淡路大地震。地鐵沙林毒氣事件。
	1996 年	橋本龍太郎組閣。
	1998 年	小淵惠三組閣。長野冬季奧運會。
	2000 年	森喜朗組閣。

時代	西元紀年	相關事項
平成時代	2001 年	小泉純一郎組閣。
	2004 年	日本自衛隊進駐伊拉克。
	2006 年	安倍晉三組閣。
	2007 年	福田康夫組閣。
	2008 年	麻生太郎組閣。
	2009 年	鳩山由紀夫組閣。
	2010 年	菅直人擔任日本第 94 任首相。

電子書購買

國家圖書館出版品預行編目資料

日本前首相和你談歷史：
明治維新 × 軍備改良 × 戰後困難 × 經濟崛起，
從民族性看日本現代化的進程 / [日] 吉田茂著 .
-- 第一版 . -- 臺北市：崧燁文化事業有限公司，
2022.09
　面；　公分
POD 版
ISBN 978-626-332-710-8(平裝)
1.CST: 日本史
731.1　　　111013708

日本前首相和你談歷史：明治維新 × 軍備改良 × 戰後困難 × 經濟崛起，從民族性看日本現代化的進程

臉書

作　　　者：[日] 吉田茂
發 行 人：黃振庭
出 版 者：崧燁文化事業有限公司
發 行 者：崧燁文化事業有限公司
E - m a i l：sonbookservice@gmail.com
粉 絲 頁：https://www.facebook.com/sonbookss/
網　　　址：https://sonbook.net/
地　　　址：台北市中正區重慶南路一段六十一號八樓 815 室
Rm. 815, 8F., No.61, Sec. 1, Chongqing S. Rd., Zhongzheng Dist., Taipei City 100, Taiwan
電　　　話：(02) 2370-3310　　傳　　真：(02) 2388-1990
印　　　刷：京峯彩色印刷有限公司（京峰數位）
律師顧問：廣華律師事務所 張珮琦律師

定　　　價：420 元
發 行 日 期：2022 年 09 月第一版
◎本書以 POD 印製